Un swing parfait

RAT NOIR

Collection dirigée par
Natalie Beunat et François Guérif

Couverture illustrée par Olivier Balez

ISBN : 978-2-74-850828-4

JEAN-PAUL NOZIÈRE

Un swing parfait

SYROS

Je t'ai manqué?
Pourquoi tu me visais?

(*Je t'ai manqué* d'Alain Bashung,
«Bleu Pétrole»)

1

Depuis la terrasse, Elena découvrait une grande partie du *Village*. Son père n'était pas le concepteur du lotissement protégé pour rien. Leur maison occupait l'endroit le plus élevé. La vue panoramique était imprenable. Le Village comptait trente maisons d'un luxe souvent affiché. Elles se dispersaient entre les arbres, les pelouses d'un vert impeccable et les massifs de fleurs si figés qu'ils semblaient des décors de plastique.

– Pas trop de végétation, elle attire les insectes, avait décidé le père d'Elena.

Il ajoutait, avec le sourire bancal qu'il affichait quand son interlocuteur ne lui paraissait pas être à la hauteur :

– « Pas trop » n'est pas synonyme de « rien ». Entourez votre maison de ce qui empêchera les étrangers au Village de fourrer leur nez dans votre intimité.

Si l'un des résidents s'avisait de ne pas respecter ses conseils, Antoine Jeunet réagissait en employant le ton sec du patron d'entreprise qu'il était aussi et qui disposait des armes capables de rendre la vie au Village insupportable à ceux qui lui résistaient :

– Le cahier des charges interdit ce type d'arbre trop feuillu. Nous vivons dans un endroit protégé, pas au milieu d'une forêt. À votre place, je choisirais une autre essence.

Elena Jeunet observait la maison du gardien. Même elle était relativement luxueuse. Placée à l'entrée du lotissement, près de la barrière rouge que Marc Porato levait ou abaissait deux cents fois par jour, « il était hors de question qu'elle soit un *gourbi* », selon l'expression d'Antoine Jeunet.

Elena se demandait si Lucas Porato était déjà parti. Il avait seize ans, comme elle, et représentait une des rares distractions qu'offrait Le Village durant ce mois de juillet. Elle pensait être amoureuse de lui, sans en être très sûre. Après tout, en dehors de Lucas, le seul garçon potable était Félix Mignard, mais le grand rouquin ne s'intéressait qu'à sa moto qu'il caressait comme si elle était une fille. «À quoi s'intéresse Lucas Porato?» se demandait Elena. En tout cas, pas à elle, depuis six ans qu'ils se connaissaient, mais ça pouvait changer durant cet été, qui s'annonçait encore plus ennuyeux que les précédents. Chaque année, en juin, quand Elena essayait ses nouveaux maillots de bain, elle découvrait que ses atouts étaient de plus en plus nombreux. Il faudrait bien qu'un jour ou l'autre Lucas Porato s'en aperçoive!

La terrasse entourait la maison et surplombait leur piscine privée. Elena longea la rambarde de protection pour aller se poster de l'autre côté. De là, elle apercevait une portion de la route départementale qui conduisait au Village, que le gardien appelait *Fort Boyard*. Il n'utilisait ce surnom ironique qu'avec elle, quand ils discutaient ensemble, ce qui arrivait souvent. Lucas, son fils, disait le *bunker* en souriant, mais son regard transperçait Elena comme s'il la rendait responsable des hauts murs entourant le lotissement, des quatre caméras planquées dans les arbres et aussi du travail stupide de gardien que son père exerçait là.

Elena soupira. La piscine ne la tentait pas. Descendre le chemin pour aller parler à Marc Porato ne la tentait pas davantage, puisque Lucas avait manifestement mis les voiles. Jouer au tennis sur un des deux courts que possédait Le Village ne la tentait toujours pas. D'ailleurs, jouer avec qui d'autre que Manon, sa mère, qui accepterait, certes, mais maniait une raquette comme si elle tenait une tapette tue-mouches? Les deux ou trois filles qu'Elena aurait pu fréquenter étaient toutes parties en vacances.

– Mais à l'extérieur, les amies de ta classe, de ton lycée? s'étonnait sa mère. Je te conduis chez elles si tu t'ennuies, ma chérie.

À l'extérieur.

L'*extérieur* était l'expression consacrée désignant ce qui était hors des murs.

– Que s'est-il passé aujourd'hui à l'extérieur? interrogeait distraitement le père d'Elena, quand il rentrait du bureau.

La question était aussi une façon de dire que lui travaillait comme un fou et n'avait pas le temps de s'occuper des misérables événements de la région. Il écoutait à peine la réponse de Manon. L'extérieur commençait à Sponge, la petite ville distante de deux kilomètres, puis s'étendait à Dijon, à une trentaine de kilomètres, où Antoine Jeunet avait installé les bureaux de sa prospère société. De toute façon, si le temps et la luminosité le permettaient, il était pressé d'aller jouer au golf. Il bouclait un parcours de neuf trous avant le dîner qui avait lieu à vingt heures trente, après les informations télévisées. Le journal de vingt heures était un écho de l'extérieur qui intéressait Antoine Jeunet car il risquait d'avoir des conséquences sur ses affaires.

Les maisons du Village étaient disséminées autour d'un golf de dix-huit trous, réservé prioritairement aux résidents avant d'être ouvert aux joueurs étrangers, à condition qu'ils disposent d'un index de très haut niveau.

Elena regardait la route avec l'avidité d'un prisonnier regardant le ciel depuis la fenêtre de sa cellule. Le goudron miroitait sous le soleil. Elle avait l'impression de voir des flaques d'eau mouvantes. Elles n'étaient que des mirages, «de minuscules mirages à la taille de ma vie à l'intérieur du bunker», estima sombrement Elena, déprimée par la perspective de ces deux mois d'été. Elle songea à Zoé Procope, sa meilleure amie du lycée, qui bavait d'envie et de jalousie chaque fois qu'elle était invitée au Village.

– Putain, je rêve! Une maison de mafieux russe, une piscine privée, deux tennis, un golf... et madame la pauvre petite princesse malheureuse tire une tronche comme si elle habitait une caravane pourrie dans un camping pourri d'une ville pourrie.

Bien entendu, elle ne tenait pas ce discours devant Antoine Jeunet, dont le verdict était tombé dès la première visite de Zoé Procope :

– Tu la sors d'où, ton amie? Elle t'apprend la langue française, à ce que j'entends. Quant à ce que je vois... elle devrait mettre une jupe encore plus courte et un pull encore plus mince, mais évidemment, pour y parvenir, elle devrait emprunter les habits d'une poupée Barbie.

Puis, se tournant vers Manon :

– Je te conseille de mieux surveiller les fréquentations de *ta* fille, sinon nous risquons de revivre...

Il s'était interrompu, lançant un regard meurtrier à sa femme qui fermait les yeux, comme si la nuit pouvait repousser les souvenirs.

N'empêche que Zoé était partie camper avec deux copains au bord de la mer. Deux mois de rires, de projets, de vie pleine, tandis qu'Elena demeurerait prisonnière de Fort Boyard jusqu'à ce qu'elle parte en Toscane fin août, avec Manon. Antoine ne prenait jamais de vacances.

– Du temps perdu, et le temps, c'est de l'argent. Si les gens de ce pays pensaient à bosser plutôt qu'à se tourner les pouces, la France irait mieux.

Il était capable de développer un discours sur ce sujet. Il le terminait invariablement par :

– Moi, je paie des tonnes d'impôts pour entretenir les fainéants.

La réalité était plus complexe. Des vacances en tête à tête avec Manon, en Toscane ou ailleurs, ne le tentaient pas plus que ça. Et jouer au golf était l'une de ses rares distractions. Pour une partie, il oubliait son laïus sur le travail et abandonnait ses bureaux quand le jeu le démangeait. Le week-end, il lui arrivait fréquemment de fourrer son matériel dans la Jeep Cherokee et de disparaître jusqu'au dimanche soir. Il ne disait jamais sur quel parcours il jouait ni avec qui.

– Avec qui il joue, papa ? avait demandé Elena.

– Des femmes. De jolies femmes, sûrement, avait répondu sa mère, éclatant aussitôt d'un rire nerveux, comme si la supposition lui paraissait d'une absurdité totale. Ton père n'aime que lui et les balles de golf, avait-elle ajouté.

Elle avait froncé ses fins sourcils blonds, soigneusement épilés, puis avait corrigé :

– Je suis injuste. Il aime aussi le travail, l'argent et...

Sa voix s'était brisée :

– Il aimait aussi ton frère.

Manon avait quitté la pièce, se réfugiant dans sa chambre où il arrivait qu'elle se cloître durant des heures.

Elena refit le tour de la terrasse. Ses longues enjambées d'adolescente, en pleine transformation physique, lui donnaient déjà une allure d'adulte pressée et, de loin, on pouvait facilement la confondre avec sa mère. Une jolie fille longiligne, à la blondeur un peu fade, mais au visage fin d'où émanaient une douceur et une fragilité émouvantes. Elle ne se décidait pas à faire quoi que ce soit puisque rien ne l'attirait. Les vacances sécrétaient toujours des périodes d'ennui terrifiant et la plupart de ses occupations ne servaient qu'à tuer le temps. La fin d'août, en Toscane, s'annonçait sinistre : des balades à pied en compagnie d'amis italiens, des visites avec ces mêmes amis et, pour faire bon poids, des dîners encore avec eux. Manon aimait ces séjours italiens :

– Tu ne peux pas savoir, ma chérie, combien être là-bas sans ton père me fait du bien.

Sur ce point, Elena était d'accord. Sans son père, sans Le Village, sans croiser des golfeurs tirant leur chariot et sans cette impression de vivre sur une île, cela lui convenait. Sans, d'accord, mais manquait : avec qui ?

Elena prit une décision par défaut, comme d'habitude. Elle irait au cinéma à Dijon. L'été ne proposait que des films médiocres, mais ce serait mieux qu'aller et venir sur la terrasse. Manon la conduirait en ville. La récupérerait à la sortie de la séance. Sa mère n'aimait que les histoires d'amour qui finissaient bien. Elena détestait les happy ends ridicules et, dans les histoires d'amour, ils étaient toujours idiots. Elle pensait aussi que sa mère avait un amant à Dijon et qu'il lui arrivait probablement de le rejoindre pendant que sa fille était au cinéma.

– Avant le ciné, je fais quoi ? s'exclama Elena, à voix haute, comme si elle interrogeait une personne responsable de son ennui.

L'exaspération l'envahissait. Combien de temps demeurerait-elle aussi inerte qu'une couleuvre endormie sous le soleil ? Il ne lui restait que la perspective de descendre l'allée jusqu'à la maison du gardien et de discuter avec Marc Porato. Peut-être lui parlerait-il de Lucas ? Peut-être glisserait-elle enfin dans la conversation :

– On pourrait sortir ensemble, Lucas et moi, s'il ne sait pas comment occuper ses vacances.

De toute façon, Porato adorait parler de son ancien travail de policier, à Dijon, et les histoires vraies qu'il racontait étaient souvent sidérantes. Est-ce que le gardien se doutait qu'elle venait certes pour entendre les récits de l'ex-commandant de police, mais surtout dans l'espoir de croiser Lucas ou d'entendre parler de lui ?

Elena ne portait qu'un long tee-shirt blanc et une culotte. Il fallait d'abord s'habiller un minimum, puis demander à sa mère l'accord pour le cinéma de l'après-midi. Il y avait de grandes chances que Manon soit encore au lit. Elle se levait tard. De plus en plus tard, en été, puis elle se couchait sur un bain de soleil au bord de la piscine et continuait à somnoler. La lecture d'un roman lui servait d'alibi, pourtant Elena remarquait qu'il lui fallait des jours pour terminer le moindre livre. Sa mère ressassait le passé et s'enfermait dans ses souvenirs. Elle était sans cesse ailleurs.

Avant de quitter la terrasse, Elena lança un dernier regard sur la route qui longeait Le Village avant de tourner, s'infiltrer sous des arbres et bifurquer vers l'entrée du lotissement protégé. Elle se terminait en cul-de-sac au pied de la barrière rouge abaissée.

C'est alors qu'elle le vit.

C'était impossible. C'était évidemment impossible, même si son père affirmait le contraire depuis tant d'années.

Le cœur d'Elena cessa réellement de battre durant quelques secondes. Une douleur violente lui mordit la poitrine. Elle se déplaça un peu, afin d'être à l'endroit de la terrasse qui permettait la meilleure observation de la route.

Le jeune homme qu'elle apercevait marchait d'un pas nonchalant, un peu chaloupé, comme s'il n'était pas pressé d'arriver à destination ou ne souhaitait peut-être même pas arriver à destination. Une démarche qu'Elena identifia. Il avait un énorme sac à dos et elle reconnaissait aussi cette façon de le porter en n'utilisant qu'une seule sangle jetée très près du cou. Une épaule plus basse que l'autre. Le dos légèrement ployé. Le poids du bagage expliquait la marche en canard, mais c'était aussi la façon typique de se déplacer du golfeur trimballant son matériel sur un parcours.

– Triple crétine ! murmura Elena en haussant les épaules.

Pourtant, elle s'appuya à la rambarde et sa main droite se porta en visière au-dessus des yeux, afin d'éliminer les éclats de soleil. Elle pensa furtivement aux mirages des flaques d'eau aperçus quelques minutes auparavant.

Le jeune homme ne pouvait pas encore la voir. Il devait marcher une cinquantaine de mètres avant d'atteindre l'endroit d'où la maison serait visible. C'était près du panneau indiquant *Le Village.*

Le Village.

Propriété privée. Entrée strictement interdite aux non-résidents. S'adresser au gardien. Attention : surveillance par caméras.

Il était blond. Elena le devinait plus qu'elle ne le voyait. Cheveux très longs et blonds.

– Il n'aurait pas grandi autant et il ne serait pas aussi maigre, triple idiote ! murmura encore Elena.

Elle étouffait ses mots, mais une voix hurlait en elle : « C'est Ugo ! » Tout son être voulait que ce soit Ugo, lui disait qu'autant de ressemblance débouchait sur une évidence et...

Le jeune homme allait atteindre l'endroit. Quelques secondes encore. Le conte de fées s'effondrerait, la réalité reprendrait le dessus. La douleur dans la poitrine devint plus aiguë. S'il s'arrêtait près du panneau, s'il...

Le jeune homme blond s'arrêta près du panneau. Leva la tête. Son regard traversa l'espace, se posa sur la maison et croisa celui d'Elena.

Après, Elena savait ce qu'il ferait si c'était Ugo.

Le jeune homme déposa son sac sur le sol. Il leva les mains devant son visage, les plaqua l'une contre l'autre et avança ses lèvres jusqu'à ses deux pouces joints.

Ugo parvenait à imiter le hululement de la chouette en soufflant dans l'espace subsistant entre ses pouces. Un cri rauque, puissant, un peu inquiétant. Il faisait ça depuis qu'Elena était toute petite. Au début, ça n'avait été qu'un jeu, puis le cri de la chouette était devenu leur signe de reconnaissance. Quand Ugo rentrait à pied à la maison, s'il apercevait sa sœur sur la terrasse, il s'arrêtait près du panneau, imitait le hululement, puis il agitait les bras. Elena lui répondait par signes. Pouce dirigé vers le sol: «Hélas, papa est à la maison.» Pouce levé: «Papa n'est pas à la maison, dépêche-toi!»

Elena entendit le cri de la chouette. Elle vit le mouvement des bras. En dépit de la joie qui la rendait folle, elle eut le réflexe de lever son pouce.

Viens. Papa n'est pas à la maison.

Elle hurla : « Maman ! Maman ! », escalada le garde-fou, sauta sur la plage de la piscine et courut jusqu'à l'entrée du *Village* en suivant l'allée qui longeait chaque maison, comme un chemin de ronde. Ce qu'il était, en partie.

Le jeune homme l'attendait près de la barrière abaissée, sous l'œil méfiant d'une des quatre caméras.

– Bonjour, Elena. Je suis ton frère Ugo. Je t'ai manqué ? Est-ce que tu m'as oublié, durant ces six années ?

2

Elena se souvenait de chaque minute de cette abominable journée. Durant ces six années, elle avait eu le temps de la revivre, épisode par épisode, soit seule, enfermée dans sa chambre ou dans celle d'Ugo, soit avec sa mère quand toutes les deux s'étreignaient en pleurant.

C'était un samedi de mai. Son père et son frère revenaient du golf. Elena n'avait que dix ans, pourtant elle comprenait déjà que la façon dont s'était déroulée la partie allait conditionner le reste du week-end. Elle jouait au Monopoly avec sa mère, toutes les deux allongées sur le tapis du salon. Elles avaient entendu claquer les portières de la voiture. Manon s'était aussitôt levée, comme si un ressort la propulsait.

– Les voilà !

Une voix tendue. Sur le qui-vive. On aurait dit qu'elle annonçait le retour d'un ogre à la maison, dans un conte pour enfants.

– Mets la table, ma chérie, avait ajouté Manon. Je file réchauffer le repas.

La cuisine devenait un refuge quand les portières de la Cherokee claquaient trop fort au retour d'une partie de golf et elles avaient claqué trop fort, de même que la porte d'entrée de la maison. Elena avait ensuite entendu le bruit du sac de son frère balancé dans un coin du couloir. Sa voix, elle aussi, avait claqué :

– J'en ai marre de ce sport à la con !

– Ben voyons ! Tu crois que la réussite te tombera toute rôtie dans le bec parce que tu t'appelles Ugo Jeunet ? Il faut bosser, Ugo, bosser, bosser et encore bosser ! Tu crois que j'ai fait quoi, moi, avant de remporter la plupart des grandes compétitions de l'est de la France ?

D'autres portes avaient explosé contre les murs. Elena s'était enfouie au creux d'un fauteuil, le pouce dans la bouche, ce qui avait mis son père en colère quand il était entré dans le salon :

– Tu veux sucer le mien, aussi ? Tu le suceras encore à vingt ans ? Ce n'est pas le jour de m'énerver, Elena.

Ton frère vient de jouer comme un sagouin, le niveau d'un index 20 et encore, alors qu'il est 5.2. À croire qu'il maniait une pioche, pas un club.

La table était mise depuis un moment. Le repas prêt. Manon et Antoine buvaient du vin blanc en attendant qu'Ugo descende déjeuner.

– En ce moment, il est fatigué, avait plaidé Manon. Ses résultats au lycée ne sont pas très bons et...

Le père d'Elena avait imposé le silence en levant la main droite :

– Je me fous de ses résultats au lycée ! Il est intelligent et s'en tirera toujours avec un minimum de travail, ce qui n'est pas le cas du golf. Quant aux diplômes, hein... moi, je n'en ai pas beaucoup...

Il avait ricané, puis ajouté :

– Toi, encore moins. Pourtant, comme tu peux le constater, on ne manque pas d'argent. Si Ugo veut devenir un champion...

– C'est toi qui le veux, pas lui, avait corrigé Manon.

Antoine avait posé son verre très lentement. Son index avait visé la poitrine de son épouse :

– Manon, j'ai déjà mis vingt fois les choses au point sur ce sujet. Tu t'occupes de l'éducation de ta fille, je m'occupe de celle de mon fils. OK ?

Son doigt s'était abaissé très lentement aussi, comme si Antoine regrettait qu'il ne soit pas un canon de pistolet. Il avait récupéré son verre, hoché la tête:

– Jusqu'à preuve du contraire, c'est moi qui paie les factures. Elena, file là-haut demander à ton frère de venir déjeuner.

Ugo avait refusé de descendre. Il était étendu sur son lit et écoutait Alain Bashung. Un chanteur qu'il adorait, «parce qu'il est triste», expliquait-il, en ajoutant: «Toi, Elena, tu es encore trop petite pour être triste.»

– Je ne peux plus le supporter! avait éclaté Ugo. Papa devient dingue avec son golf! Si je reste ici, il me rendra dingue à mon tour et je ferai une bêtise. Je ne sais pas laquelle, mais j'en ferai une très grave, je le sens.

Il s'était mis à pleurer. Elena, le cœur en loques, voyait les traces des larmes s'imprimer sur les joues bronzées. Ugo était aussi blond que le soleil et, pourtant, tant d'heures passées sur le parcours de golf avaient teinté sa peau d'un vernis brun pâle, le rendant encore plus beau, estimait sa sœur. Elle n'avait pas pris garde à «si je reste ici».

– Tu as mal joué? avait demandé Elena, pour s'empêcher de pleurer elle aussi.

– Non ! Pour lui, si je n'explose pas mon index à chaque compétition, je joue mal ! Je hais le golf ! Je hais les champions de golf ! Je hais le vert de l'herbe d'un parcours de golf ! Je hais Le Village et ses habitants ! Je hais...

Ugo s'était caché le visage sous ses bras croisés, retenant un bref instant : « Je hais mon père », puis il avait retiré ses mains, dévisagé sa sœur et dit :

– C'est affreux, mais je hais papa. Il y a des jours où je hais papa, Elena. Je n'y peux rien, c'est plus fort que moi, ça me ronge de plus en plus fort. Il faut que je me tire.

Là encore, Elena n'avait pas pris garde à la réflexion de son frère. Elle s'était allongée sur le lit. Contre lui.

– Pleure pas, Ugo. Papa s'énerve parce qu'il est fatigué. Ses projets de construction d'autres « Villages » ne marchent pas comme il voudrait.

Ugo s'était blotti contre elle, à l'étouffer.

– Heureusement que tu es là, petite sœur. Et maman. Et...

Un soupir, puis :

– Désolé, ma vieille, mais vous deux ça ne suffira pas.

Ils s'étaient tus. Alain Bashung chantait « Dehors ».

Elena songeait au calvaire que vivait son frère. Antoine, devenu champion de golf au plan national, à l'âge de vingt ans, rêvait que son fils le soit à son tour et grimpe même une marche supplémentaire: le niveau international. Ugo jouerait un jour les quatre tournois majeurs: l'«US Open», le «USPGA», le «British Open» et le «Master». Pour parvenir à ce niveau, il vivait l'enfer. Le golf commencé à l'âge de quatre ans. L'entraînement presque quotidien, après l'école. La folie s'était aggravée lorsqu'ils étaient venus habiter Le Village, six ans auparavant:

– Quelle merveilleuse chance de vivre au bord d'un dix-huit trous! jubilait Antoine.

La chance était devenue délire. Golf chaque jour. Un coach particulier transmettait ses conseils par vidéo-conférence depuis Paris. Des compétitions chaque week-end. Une salle de musculation installée au sous-sol de leur maison. Séances de relaxation et yoga à Dijon, «pour un mental performant, car le mental est essentiel au golf».

– Je veux que tu acquières un swing parfait, mon fils, jubilait Antoine. Peu importe l'argent dépensé. S'il le faut, je vendrai ma collection de timbres et même mon «Inverted Jenny».

L'«Inverted Jenny» était un timbre américain de 1918, estimé à un million d'euros parce que l'imprimeur s'était trompé en mettant un avion à l'envers et qu'il n'en existait que quelques exemplaires.

– Il y en a un dans la famille Jeunet, grâce à la débrouillardise de ton père ! triomphait Antoine. C'est toi qui en hériteras, Ugo, quand tu seras un grand champion. Mon «Inverted Jenny» te permettra de te consacrer entièrement au golf sans te soucier d'argent. La belle vie, quoi.

Ugo n'en pouvait plus de cette «belle vie» programmée. Manon n'avait rien pu faire pour le protéger. Le doigt de son mari se tendait, les commissures de ses lèvres vibraient.

– Ne te mets pas en travers de mon chemin, Manon ! Occupe-toi de ta fille autant que tu voudras et comme tu voudras, je serai toujours d'accord. Laisse-moi juge de ce qui est bon pour mon fils.

À la fin du CD de Bashung, Elena avait encore essayé de convaincre Ugo de descendre déjeuner.

– Dis-lui d'aller se faire foutre ! avait grondé son frère.

Une alerte supplémentaire. Ugo parlait rarement d'une façon aussi grossière. Elena avait quitté le lit.

– Je descends. Je dirai que tu es malade. Maman t'apportera un sandwich.

Elle s'était éloignée.

– Attends ! avait crié Ugo.

– Quoi ?

– Je t'aime, petite sœur.

– Andouille. Pas moi.

Elle avait ri. Pas lui.

– Tu me ressembles, Elena. En modèle réduit.

– Je sais, sauf que moi je ne marche pas comme un crapaud.

Elle avait ouvert la porte de la chambre.

– Elena ?

– Quoi ? Il faut que je descende, sinon en dessous ce sera le pôle Nord entre papa et maman. Maman doit pleurer.

– Jure-moi, petite sœur, que tu ne joueras jamais au golf de ta vie.

Elle avait encore ri. Pas lui.

– Pas de danger. Je n'ai pas envie de devenir folle. Il y a assez de deux cinglés de golf dans la maison.

Elle était descendue manger de la purée et du rôti froids.

La dernière image qu'Elena conservait de son frère datait de cette fin d'après-midi de mai, six ans auparavant. Il descendait l'allée, un gros sac à dos rouge pendu à l'épaule. Elle avait observé sa démarche de canard, qui l'amusait toujours beaucoup et qui, pourtant, ne détruisait pas cette allure féline qui lui donnait tant de charme. Il avait coupé ses cheveux blonds très court.

– Si je les laisse pousser, on se ressemblera trop, Elena.

Il portait un jean noir et un blouson de cuir fauve, trop chaud pour la saison.

«Où il va?» s'était demandé Elena en consultant sa montre. Bientôt sept heures du soir. L'heure du dîner approchait. Encore un repas sans lui? Elle avait tressailli. Ah non, Ugo ne pouvait pas recommencer sa comédie! L'après-midi avait été désastreux. Son frère, enfermé dans sa chambre, écoutant de la musique. Son père, enfermé dans son bureau, maniant ses timbres avec sa fine pince en or ou feuilletant des revues de golf. Sa mère et elle jouant à d'interminables jeux de société ou faisant semblant de lire et levant la tête toutes les cinq minutes. Une atmosphère de plomb que la famille connaissait par cœur, mais Elena se révoltait

à l'idée de revivre de pareilles scènes durant la soirée et le dimanche.

Et maintenant Ugo se payait le culot de sortir à l'heure du dîner! Il avait emprunté une des portes situées à l'arrière de la maison. Elena était sur la terrasse, regardant dans le vide, quand un éclat de lumière s'était porté sur le sac à dos rouge, dévoilant ainsi le départ. Elle avait crié:

– Ugo! Où tu vas?

Il l'avait entendue. Elle en était certaine. Il ne s'était pas retourné, se contentant de lever et d'agiter le bras droit, tout en continuant de marcher. Elena n'avait pas compris que c'était un adieu. Elle avait crié:

– Attends-moi!

Son frère, déjà loin, s'était mis à courir. Alors, la peur avait tétanisé Elena. Elle avait compris ce qui arrivait. Les bribes de phrases prononcées par Ugo prenaient un sens terrifiant. Il s'en allait pour toujours. Il fuyait la maison, son père, sa mère. Elle.

Elena savait qu'elle ne le rattraperait pas. Elle s'était déplacée, de façon à voir la partie de route qu'il emprunterait une fois sorti du Village. Elle avait attendu très peu de temps. Son frère était apparu. S'était arrêté, le dos toujours tourné. Et ce qu'il avait fait... chaque fois qu'elle y pensait, Elena fermait les yeux, tellement le souvenir la brûlait. La détruisait. Ugo se tenait près du panneau annonçant Le Village. Il avait joint les mains. Le hululement de la chouette. Longtemps. Le bras agité une dernière fois. Puis plus rien.

Ils avaient reçu la lettre deux jours plus tard, alors que la police recherchait Ugo sans grande conviction, selon Antoine Jeunet. Il avait probablement raison, à en juger par les considérations désabusées que livrait le lieutenant Mardonne :

– Votre fils a plus de seize ans et sera bientôt majeur. Il sait ce qu'il fait. Retrouver un adolescent de cet âge-là n'est jamais facile s'il n'a pas envie qu'on le retrouve. Soit il rentre au bercail de lui-même parce qu'il se rend compte de l'énorme bêtise qu'il vient de faire, soit...

Il s'était interrompu, mais son collègue, le capitaine Joliet, n'avait pas pris de gants :

– Soit il tourne mal, s'acoquine avec des marginaux, passe parfois d'un pays à un autre et ne réapparaît pas.

– Mon fils reviendra ! avait déclaré d'une voix sourde le père d'Elena.

La colère lui durcissait le visage. Pourtant, il gardait ses poings serrés entre ses genoux et Elena avait compris que c'était sa façon de retenir ses larmes.

La lettre d'Ugo était brève:

Ne vous faites pas de soucis. Je ne supporte plus cette vie de merde. Je ne serai jamais champion de golf, jamais champion de quoi que ce soit, jamais riche, jamais célèbre, jamais enfermé dans une prison dorée, jamais ce que papa veut que je sois. Je veux une vie à moi. À MOI !!!!

Je pars découvrir le monde. Les autres. Je reviendrai quand vous m'aurez oublié.

Je t'aime, maman. Pardonne-moi. Je t'aime, Elena, et tu es mon plus grand désespoir dans ce que je fais. De temps en temps, regarde la route depuis la terrasse: on ne sait jamais. Peut-être un jour entendras-tu le cri de la chouette.

Ugo.

– Ça s'annonce mal, avait commenté le capitaine Joliet. Votre fils a pris son destin en main.

– Fermez-la! avait hurlé Antoine. Bon Dieu, fermez-la! Je vous interdis, vous m'entendez, je vous interdis de dire une fois encore, une seule fois, qu'Ugo ne reviendra pas!

Le policier avait grimacé. Puis, fixant le sol du salon où ils étaient tous réunis :

– Je comprends votre peine, monsieur Jeunet. Nous vous tiendrons au courant des suites de nos recherches.

Les suites s'étaient résumées à quelques mots dits au téléphone, semaine après semaine, puis mois après mois, avant qu'un silence définitif ne clôture leurs rapports avec la police.

Ugo avait emporté sa carte d'identité, une importante somme d'argent que son père conservait à la maison, quelques vêtements disparates, (« pourvu qu'il ne tombe pas malade », avait gémi Manon), son lecteur MP3 bourré des musiques qu'il aimait.

Seule la mère d'Elena était au courant pour la chouette en peluche.

– Ne dis rien à ton père. Je... il me semble que ce serait une mauvaise idée de lui raconter votre... votre complicité dans son dos.

Pour l'anniversaire de ses huit ans, Ugo avait offert à sa sœur trois petites chouettes identiques en peluche rose.

– Si tu veux, je t'en donne une, avait proposé Elena, puisque son frère imitait si bien le cri de l'oiseau, devenu signe de reconnaissance entre eux.

Il avait accepté. Il avait posé la chouette sur l'oreiller de son lit et avait juré à Elena qu'il l'embrasserait tous les jours, avant de s'endormir, en disant: «Bonne nuit, petite sœur.» Il mentait, évidemment. N'empêche qu'il avait emporté la chouette en peluche. Elle y pensait le soir, quand elle entrait dans sa propre chambre et voyait les deux peluches restantes à côté de son pyjama. C'était pour elle une sorte de réconfort de songer qu'Ugo, là où il se trouvait, disait peut-être «bonne nuit, petite sœur». Il lui arrivait de coller son oreille à la cloison entre les deux pièces, de fermer les yeux et de répéter comme une prière incandescente: «Dans deux minutes, si je me concentre, j'entendrai ses pas sur le parquet de l'autre côté.»

Antoine avait interdit qu'on pénètre dans la chambre d'Ugo. Une interdiction que Manon ne respectait pas et il arrivait aussi qu'Elena l'enfreigne. Cependant, durant ces six années, aucun objet n'avait été déplacé.

Les premières semaines, le père d'Elena avait vécu sans s'éloigner de plus d'un mètre d'un téléphone. On l'appellerait. La police. Des inconnus répondant aux annonces publiées dans plusieurs journaux. Ugo lui-même.

– Mon fils reviendra. Il a craqué. Tous les futurs champions craquent un jour ou l'autre, tellement leur trajectoire est difficile. Une fois la crise passée, ils sont plus forts, plus solides mentalement.

La première fois qu'il avait émis ce jugement, Manon l'avait regardé comme si elle découvrait un étranger non invité installé à sa table. Puis :

– Ugo est aussi mon *fils,* mon *garçon. Tu rêvais pour lui d'un swing parfait ? Tu as gagné au-delà de tes espérances, imbécile !*

Cette révolte brutale et glacée avait sidéré Elena. Son père avait fait celui qui n'avait rien entendu. Six mois plus tard, réalisant qu'Ugo ne reviendrait pas, il s'était noyé dans une effrayante dépression. Mais évoquer la disparition définitive du frère d'Elena demeurait toujours interdit. Puis Antoine s'était abruti de travail. Des journées de douze heures dans ses bureaux de la SCI. Peu à peu, il avait repris pied, repoussé le chagrin et repris ses habitudes. Le golf. Les timbres. Gagner toujours plus d'argent. Ses week-ends en solitaire, sur un parcours le plus éloigné possible de leur maison. Il s'occupait davantage du Village, qu'il surveillait presque autant que le gardien Marc Porato. Des rondes. Des propositions d'amélioration du cadre de vie. Elena et sa mère vivaient dans une maison qu'habitait un père statufié. Elles le croisaient. Se retrouvaient à la même table, le soir, pour le repas. Ils se parlaient mais, même dans les dialogues, Antoine donnait l'impression de n'être pas présent.

Manon et Antoine faisaient chambre à part.

Elena avait quatorze ans quand elle avait surpris cette réflexion incroyable de son père, au bord de la piscine, un jour d'été. Elle était sur la terrasse. Elle observait la route. Ses parents se baignaient et ne la voyaient pas.

– Ugo aimait nager, avait dit Manon, accrochée à la margelle de la piscine.

Elle ne s'adressait pas à son mari. Elle se parlait. Commentait à voix haute ce qui lui traversait l'esprit. Elle faisait souvent ce genre de réflexion, sur la vie d'« avant », quand elle était seule avec Elena.

Son père avait entendu. Il était sorti de la piscine. S'était approché de Manon :

– Vous étiez deux femmes pour surveiller mon fils, deux femmes à la maison pour veiller sur lui, et vous n'avez même pas été capables de l'empêcher de faire cette grosse connerie.

La réaction de sa mère avait stupéfié Elena :

– Tu as raison. J'ai été incapable de l'empêcher de faire cette grosse connerie et, aussi cher que je le paie, ce ne sera jamais assez.

3

Marc Porato appuya sur la touche déclenchant le lever de la barrière. Il désigna à Elena, à travers la baie vitrée, la voiture qui se faufilait sous l'ouverture :

– Regarde la tête d'Hubert Maglos ! On dirait qu'il a rendez-vous en enfer alors qu'il part jouer au golf.

Elena rit. Porato commenta son jugement :

– Il y a un paquet de retraités au Village. Peut-être que la vieillesse leur flanque le cafard et leur fait oublier qu'ils sont riches.

Elena s'appuya à l'espèce de comptoir de bois, placé sous la baie vitrée, qui servait de bureau à Porato. Elle adressa un clin d'œil complice au gardien :

– Vous ne rigolez pas tous les jours non plus et pourtant vous êtes jeune. Enfin, encore assez.

Ce fut au tour de Porato de rire :

– Encore assez, ouais, mais pas riche et pas à la veille de l'être, à mon avis.

Il tourna une page du registre ouvert devant lui et nota.

Hubert Maglos. 10 h 30. Mercedes. 1 personne.

Il posa le stylo, fit pivoter son siège de façon à faire face à Elena qui s'était déplacée jusqu'à la porte grande ouverte de la pièce. « Mon poste d'observation », disait le gardien ou alors, quand il était d'humeur chagrine, « ma tour de contrôle, mais les avions, je n'en vois pas bézef ». Son visage s'éclaira d'un large sourire :

– Tu fais plaisir à voir, ma grande, depuis le retour d'Ugo. Tu éclates de vie. Ton père et ta mère, kif-kif, et j'avoue que j'aime mieux ça que l'ambiance d'avant. Même Le Village semble plus gai.

Porato se doutait qu'Elena n'était pas venue jusqu'à la *tour de contrôle* pour parler d'Ugo, bien qu'elle le fasse depuis une demi-heure. Elle était là pour Lucas. Le gardien était furieux contre son fils qui dédaignait cette belle fille si douce, si différente de tant d'adolescentes de son âge. Lucas préférait le sport, les copains, les jeux vidéo.

Son père avait essayé l'ironie :

– Elena est encore passée. Pas pour moi, pour toi, mon garçon, et franchement je ne comprends pas comment tu peux préférer un ordinateur à cette fille.

Lucas avait répliqué, l'air sombre :

– Pas envie de goûter aux filles pour me retrouver largué un jour ou l'autre comme toi. L'addition est trop lourde.

Depuis, Porato la fermait. Julia, sa femme, l'avait quitté six ans auparavant et l'année de son départ avait été une telle débine, toutes catégories confondues, qu'il ne trouvait pas d'arguments à opposer à Lucas.

– Quand Ugo commence-t-il à travailler avec ton père ? interrogea Marc Porato pour relancer la conversation.

– À la fin du mois. Papa veut qu'il en profite avant de s'y mettre. Il en a besoin et quelques semaines de repos ne seront pas de trop pour effacer cette sale période.

– Ça, il a l'air d'en profiter ! s'exclama Porato. Mais bosser dans la société de ton père... Ugo ne doit pas connaître grand-chose à l'immobilier ?

Elena haussa les épaules :

– Aucune importance. La SCI sera un job de façade. De toute façon, papa a une armée d'employés compétents et il décide de tout, contrôle tout... Je me demande d'ailleurs s'il ne fait pas tout tout seul!

Ses yeux sombres, presque bleu marine, s'ouvrirent grand, élargissant le silence, comme si Elena se demandait soudain pourquoi son frère acceptait d'être une potiche.

– On prend le travail qu'on peut, dit Porato en réprimant une grimace. Ton père doit piaffer en attendant que ton frère rejoue au golf?

Elena secoua énergiquement la tête. Ses cheveux se balancèrent comme la corolle d'une robe. «Quelle superbe fille!» songea Marc Porato, la gorge serrée, car des images de Julia affluaient: les mêmes longs cheveux, la même clarté du teint, la même simplicité.

– Sûrement pas! Ugo a mis les points sur les i le lendemain de son retour. Plus jamais de golf! Il ne veut plus entendre prononcer le mot!

– Quelle tête fait ton père?

– Il s'en fiche. Il est tellement heureux... Je crois qu'il s'en fiche... Je crois... C'est ce qu'il dit, en tout cas.

Le gardien jugea qu'il était temps de changer de conversation. Il décida d'y aller au culot. Brusquer les événements était une manière d'agir que son ancien métier de flic lui avait apprise :

– J'oubliais, Elena. Lucas sera à la maison cet après-midi et il m'a dit qu'il aimerait... enfin, si tu es d'accord et si tes parents le sont aussi... il aimerait nager, alors, si tu l'invites dans ta piscine, mon fils ne dira pas non.

– Il a proposé ça ? s'exclama Elena, sur le ton d'une personne qui demanderait : « Il a marché sur l'eau ? »

Porato quitta son siège. S'étira en prenant son temps. C'était aussi un truc de flic qui permettait de détourner l'attention d'un témoin quand on abordait un sujet délicat.

– Ouais. Il semblait même redouter un refus et ça l'attristait.

Elena éclata de rire :

– Je ne vous crois pas. Là, vous exagérez, mais je suis d'accord pour la baignade de cet aprèm. Prévenez-le : à trois heures chez moi.

Le sourire disparut :

– Ugo sera là.

Marc Porato écarta les bras et marmonna : « Être trois, c'est moins bien que deux », mais il se détourna aussitôt, conscient qu'il y allait un peu fort.

– À plus tard, monsieur Porato, dit Elena en sortant de la pièce. Si Lucas ne tient pas sa parole, je viendrai le chercher.

Le gardien la regarda s'éloigner depuis le pas de la porte. Il poussa un soupir. Maintenant, il lui restait à faire avaler à son fils, dès son retour, qu'un après-midi piscine l'attendait là-haut chez les Jeunet. Lui jeter une fille dans les bras ne lui parut soudain plus tellement une bonne idée.

Marc Porato s'installa aussi confortablement que possible dans son fauteuil. Il avait fait coulisser la vitre de la baie afin d'avoir davantage d'air à l'intérieur de la tour de contrôle. La journée serait longue. Tous les jours l'étaient et de plus en plus. Son travail consistait à surveiller les allées et venues, faire quelques rondes, noter dans le registre qui entrait, qui sortait, jeter un coup d'œil sur les quatre écrans de télévision correspondant aux quatre caméras implantées sur le domaine. Il n'avait guère eu le choix après sa mise à l'écart de la police, à Dijon, six ans auparavant. Une démission forcée. Refus d'obéissance. Refus de contrôler sans cesse des étrangers au faciès, de les embarquer quand ils n'avaient pas les papiers nécessaires, de participer à certaines expulsions d'une écœurante inhumanité.

– On boucle la rue Bouchu demain à vingt heures, avait ordonné le commissaire Molax. Vous connaissez tous le squat du numéro 64. Si on s'y prend correctement, on doit pêcher trois ou quatre Africains et, pourquoi pas, quelques Roms.

– Sans moi! avait rétorqué le commandant de police Porato. Les rafles, ça suffit.

Le commissaire s'était étranglé d'indignation:

– Les rafles? Tu te crois où, Porato?

Il avait répliqué:

– Il n'y a que le mot qui te gêne? Tu as de la chance de t'en tirer seulement avec des problèmes linguistiques. Moi, c'est ma conscience qui me turlupine.

Démission. Chômage. Julia était partie depuis six mois. Un gamin de dix ans à élever. Une sale pente, avant l'appel téléphonique d'une ancienne collègue:

– Marco, j'ai un truc pour toi. Pas le Pérou, mais ça peut t'intéresser en attendant mieux.

– Il y a longtemps que j'ai compris que je n'irai jamais au Pérou. Je t'écoute, Lucie.

– Une SCI ouvre un lotissement protégé, tu sais, un de ces machins à l'américaine qui commencent à se répandre chez nous, avec habitants triés sur le volet, murs de deux mètres de haut, caméras, tout le cirque, quoi.

– Je vois. Un endroit où les friqués planquent leur trouille des pauvres?

– Ouais. C'est à trente bornes de Dijon et proche d'un bled nommé Sponge, quatre mille habitants paumés dans une vallée, c'est dire s'il y a de quoi avoir peur! Bref, Antoine Jeunet, le grand manitou de la SCI, nous a contactés pour demander si nous n'avions pas un policier en retraite à proposer pour le gardiennage, alors...

– Je prends! avait coupé Porato.

Depuis six ans, il passait le plus clair de son temps devant les écrans et son registre. Mais Marc Porato demeurait flic dans l'âme. Un jour, il mettrait fin à ce boulot stupide et ouvrirait une agence de détective privé.

– Quand, papa? s'impatientait Lucas. J'en ai marre de vivre ici, dans ce bunker à la con.

– Un jour... affirmait son père, angoissé à l'idée que ce jour n'arriverait peut-être jamais. Qui ferait confiance à un DP ex-largué de la police et ex-gardien de Fort Boyard?

Lucas était sans doute surtout las de côtoyer des gens aisés alors que son père gagnait à peine mille six cents euros par mois pour soixante heures de travail par semaine.

Porato soupira. Son imagination moribonde n'avait trouvé rien de mieux qu'un flirt entre Elena Jeunet, la fille du grand manitou du Village, et Lucas Porato, le fils du gardien ! Où avait-il vu que, dans la vraie vie, le berger épousait la princesse ? En plus, il ne se contentait pas de le pousser dans la piscine royale, il lui imposait la fréquentation d'Ugo Jeunet !

– Un connard ! s'était exclamé Lucas, le matin même, avant de bondir sur son scooter.

Lucas aimait parsemer son vocabulaire de mots grossiers. « Con » et son dérivé « connard » étaient ses préférés. Quand son père fronçait les yeux, il se défendait d'un unique argument :

– Ton héritage, papa. Tu as rapporté ces expressions de l'hôtel de police, de tes dix années de flic, et ça a été le seul cadeau de départ que tu as reçu.

– Pourquoi « connard » ? avait demandé Marc, sans lever la barrière qui fermait la route.

Lucas s'était frotté le menton, un réflexe acquis depuis que sa barbe poussait. Il semblait s'assurer chaque matin qu'elle était bien présente et qu'il filait donc à bonne allure vers l'âge adulte, la liberté. La sortie du bunker.

– Un vrai merdeux! avait expliqué Lucas. On était pourtant copains, avant.

– Copains? Hé, tu avais dix ans et lui seize!

– On se marrait quand on tapait le ballon, à la nuit tombée, sur les fairways du parcours de golf. On jouait en douce et Ugo était salement acharné. Je crois qu'il crevait d'envie qu'on nous pique, peut-être parce qu'il espérait ainsi arrêter le golf, alors que moi je crevais de trouille que ça arrive.

– C'était malin! Saccager le terrain que les jardiniers ont tant de mal à entretenir.

– Maintenant, il me dit à peine bonjour. Tu as vu sa tronche au volant de la Clio de sa mère, quand il se pointe et tapote le volant d'un air exaspéré pour te dire: «Tu te dépêches de l'ouvrir, ta barrière»? Il a vachement changé et pas seulement physiquement. Il n'est pas autre chose qu'un connard, papa, je te jure.

Marc Porato avait libéré le passage en grimaçant:

– Ouais. Un connard de plus à ajouter à ta liste déjà longue, fiston.

Il repensa aux réflexions de Lucas, tout en consultant sa montre dont les aiguilles faisaient du surplace. Encore une heure à poireauter avant d'entreprendre sa ronde. Il parcourait le kilomètre et demi de l'allée qui desservait Le Village, soit une vingtaine de minutes de balade. Son bol d'air. Les conducteurs des voitures, qui sortaient ou entraient, devaient alors descendre la vitre de la portière et se pencher afin de composer le code sur le boîtier.

Son fils avait en partie raison. L'attitude d'Ugo était celle de beaucoup de résidents du Village. Il était devenu distant, parfois à la limite du mépris. Porato se souvenait d'un adolescent poli, timide, qui passait devant le poste de gardiennage en portant son sac de golf avec embarras, comme s'il se sentait gêné de pratiquer un sport coûteux. Il prononçait toujours la même phrase :

– Bonjour, monsieur Porato. Vous allez bien?

Et Porato répondait lui aussi d'une façon immuable :

– Impeccable, Ugo. Bonne partie.

Parfois, le garçon cherchait sa sœur et téléphonait :

– Elena ne serait pas chez vous, monsieur Porato?

C'était souvent le cas. À dix ans, Elena s'intéressait déjà à Lucas. Marc Porato se massa énergiquement la tête, d'un air navré. En six ans, la gamine n'avait guère progressé !

Marc Porato tenta de se rappeler ce que lui faisait de particulier, à l'époque. Pour aider sa mémoire, il fouilla la pile de registres empilés devant lui et tira celui du dessous, le plus ancien. Sa première année de gardiennage au Village.

Samedi 12 mars. 9h30. Ugo Jeunet sort. Sac de golf. Antoine Jeunet en BMW à 9h33. Me demande si j'ai vu passer son fils.

Marc Porato se reporta à la page d'à côté. Il débutait alors dans ce travail et avait pris l'habitude de noter la description des personnes qui entraient ou sortaient, lorsqu'il ne les connaissait pas encore. Un réflexe de policier et aussi une façon de tromper son ennui.

Antoine Jeunet. La quarantaine. Sec. Musclé. Cheveux châtains courts et soignés. Patron du Village. Visage autoritaire. Conduit trop vite.

Ugo Jeunet. Seize ans. Blond comme sa mère et sa sœur. Environ un mètre soixante-dix. Un peu rond, surtout les joues. Sourire de timide.

Porato tenta de se souvenir. Six ans déjà, mais au début il s'était montré très vigilant à l'égard de son employeur et de sa famille. Oui, il se rappelait en partie : il aimait bien Ugo. Un adolescent discret, qui ne la ramenait pas. Contrairement à Lucas, on le devinait respectueux de l'autorité des adultes, alors que son fils se conduisait comme un garnement. Il jouait au foot sur les pelouses des propriétaires !

– Porato, surveillez mieux Lucas, avait ordonné Antoine Jeunet. Il court partout, crie, joue au ballon sur les courts de tennis et dit à peine bonjour. Je n'aime pas trop ça.

Les yeux verts du boss ressemblaient à des pierres. Aussi inexpressifs et pourtant source de danger. Le message était limpide : « Intervenez, sinon... » Porato n'avait pas envie de perdre son premier boulot. Lucas s'était pris une sérieuse engueulade. Sa réaction avait eu le mérite de la franchise, mais elle était surtout celle d'un gamin de dix ans dont la mère était partie :

– Ton patron est un con. Il est dingue. Ugo dit qu'il est cinglé.

Marc Porato parcourut d'autres pages. Les registres étaient sa propriété personnelle. Personne n'y avait accès. Le boss, aussi rigide soit-il, ne lui demandait pas de consigner les déplacements. Il l'avait fait par désœuvrement, continuant aussi à jouer au flic méfiant, au type qui ne se laisse pas surprendre par la criminalité et qui s'imagine tenir encore un rôle qui n'est plus le sien depuis des années.

Mardi 8 avril. Famille Bollard au complet. Mercedes. 12h30.

Sur l'autre page, Porato avait noté :

Maxime Bollard. Notaire retraité. Aimable. M'a proposé de jouer au bridge avec d'autres, un samedi par mois. Sympa. Non merci.

Vendredi 6 mai. Camion Darty. Deux employés vont au n° 18 : famille Dagral. Réparation télé et livraison matériel informatique.

Porato s'en souvenait. Et pour cause. En repartant, un des employés, excédé parce qu'il n'était pas là pour ouvrir la barrière et que Dagral ne lui avait pas confié le code, avait lancé au gardien :

– C'est Fort Boyard, ici ! Vous avez peur de quoi ? De Ben Laden ou des pauvres ? Mais les pauvres, ils doivent bosser pour gagner leur croûte et votre putain de barrière nous fait perdre du temps !

Marc Porato avait ri. *Fort Boyard*... Un nom qui collait bien au *Village*.

Samedi 14 mai. Ugo descend l'allée en courant. 18h30. Ne me regarde pas. Ne me dit pas un mot. Étrange.

20h30. Je ne suis pas de service (nuit). Voiture de

police. Deux lieutenants. Demandent le n° 8: maison Jeunet. Reste dans ma guérite, aux aguets.

23 h. Départ police. S'arrête. Un des lieutenants me demande pour la troisième fois (deux fois par téléphone, avant), si j'ai vu Ugo. Je donne l'heure. Décris l'habillement du gamin qui fait une fugue.

Maintenant, les souvenirs affluaient. Marc Porato récupérait ses réflexes de policier. Tout replacer dans l'ordre. Se remémorer les visages, les expressions, les attitudes. Penser aux jours d'avant la fugue, aux jours d'après.

Il leva trois fois la barrière, ne nota rien. Son cerveau moulinait le passé, essayant de le réduire en flashes courts d'une mémoire sur le qui-vive qui ne retiendrait plus que l'essentiel. Un détail, si mince fût-il, valait mieux qu'un flot d'informations embrouillées. Il enregistra pourtant la voix acide de madame Daloz, qui lançait par la vitre ouverte de sa Golf:

– Monsieur Porato, un chien traîne près des courts de tennis. Allez voir, il n'est pas de chez nous et ça peut être dangereux.

On dénonçait même l'intrusion des chats et des chiens, au Village. Porato, perdu dans ses souvenirs, adressa un vague signe de la main à la conductrice.

Ugo. Il aimait beaucoup l'adolescent à l'époque, comme s'il rêvait que Lucas s'assagisse, devienne à son tour un garçon poli, respectueux, et ressemble un jour à Ugo Jeunet. Ugo était si différent de son père et si semblable à sa mère, une femme d'une grande douceur, effacée, presque craintive. Elle donnait toujours l'impression de marcher sur la pointe des pieds, d'avoir peur de déranger, alors que son mari maniait sa vie et celle des autres avec brutalité.

Après la fugue de leur fils, la famille Jeunet s'était effondrée. Porato se souvenait très bien de cette période. Elena se réfugiait dans les livres. Elle lisait sur sa terrasse quand le temps le permettait. Elle venait aussi de plus en plus souvent parler avec lui, le gardien, comme si elle se trouvait mieux dans la guérite que chez elle. Sa maison était devenue une sorte de monastère, triste et silencieux. Le père et la mère semblaient deux zombies.

Marc Porato s'était montré direct avec Elena, quelques jours après le retour de son frère :

– Comment Ugo a-t-il vécu ces six ans loin du Village ? Que lui est-il arrivé ?

Elena avait dissimulé son regard en inclinant la tête. Pourtant, sa voix avait craqué :

– Il en a bavé, vraiment bavé. Il refuse qu'on parle de ça.

Elle avait relevé bravement la tête et ajouté :

– Il a été en prison en Espagne pendant un an. Je vous le dis parce que vous aimez bien Ugo, parce que je vous aime bien aussi, Lucas et vous. Jurez-moi de ne le répéter à personne. Papa me tuerait s'il se doutait que je raconte ça.

Elle avait eu un demi-sourire, mais Porato avait obéi et juré.

En repensant à la remarque de la jeune fille, Marc Porato rectifia : il aimait Ugo, le gamin de seize ans, mais pas Ugo, le jeune homme de vingt-deux. Il partageait l'avis de son fils : un merdeux.

– Je n'aime peut-être pas les grands maigres, ricana Marc Porato à voix haute, tentant ainsi d'atténuer le jugement expéditif qu'il venait de porter.

En tout cas, c'était vrai qu'Ugo avait dû en voir de toutes les couleurs pour maigrir autant. Le visage rond de l'adolescent était devenu anguleux. Le torse s'était trop allongé, les fesses avaient fondu. Les ombres bleuâtres sous les yeux témoignaient des moments difficiles. Il semblait que l'abondance de la chair d'autrefois s'était transformée en centimètres de taille supplémentaires.

Marc Porato referma le registre. Il se sentait affreusement triste. La vie se déroulait à peu près normalement et, un beau jour, votre gamin claquait la porte et disparaissait.

– Ne me fais jamais ça, Lucas, je t'en supplie, murmura-t-il.

Il repoussa son fauteuil avec brutalité et s'exclama d'une voix hargneuse :

– Allons expulser ce clebs ! Doit pas avoir ses papiers pour être là !

Porato prit son temps. Il remonta l'allée tranquillement, passant devant chaque maison. Il observait les lieux, ou plutôt faisait semblant, et repartait. Surveiller Le Village était une des « missions » que contenait son contrat d'embauche. Que pouvait-il bien y avoir à surveiller à Fort Boyard puisque le lotissement était barricadé, ligoté de caméras et que même un chien étranger était repéré en moins de dix minutes ?

– Bande de cinglés ! siffla le gardien entre ses dents.

Son injure traduisait aussi un peu de jalousie envers

des habitants aisés qui n'avaient pas à se demander comment ils paieraient le plein de leur grosse bagnole, alors que lui avait des sueurs froides dès qu'il fallait remplir le réservoir de sa Peugeot.

Quelques arbres distribuaient une ombre agréable. Plusieurs maisons disposaient d'une piscine. On ne percevait presque pas de bruit, comme si personne ne se baignait.

– De toute façon, on n'entend jamais rien ici et il ne se passe jamais rien, marmonna Porato. Un village momifié.

Ce jugement le ramena à Ugo. Il s'était pourtant passé quelque chose, six ans auparavant. Les résidents avaient peu parlé de la fugue. Antoine Jeunet avait mis rapidement le holà aux cancans et aux rumeurs. Sujet tabou. D'après Elena, le retour du fils prodigue ne changeait rien : Ugo Jeunet demeurait tabou.

Il entendit les cris avant de parvenir près des deux courts de tennis, situés à l'arrière du Village. Une animation inhabituelle. Les résidents, souvent âgés, utilisaient rarement les courts. Ils s'intéressaient davantage au golf, dont une partie du parcours longeait le mur de clôture du lotissement. Les cris appartenaient à Ugo. Depuis son retour, il jouait régulièrement au tennis. Parfois avec sa mère ou Elena, mais le plus souvent avec des inconnus qu'il ramenait de Sponge. La petite ville disposait d'un club, mais les courts étaient mal entretenus. Ugo proposait aux joueurs de venir au Village et ils sautaient sur l'occasion de pénétrer dans un endroit si chic et si mystérieusement clos. Ugo criait, sans se préoccuper des règles non écrites imposant un silence feutré. Ses six années de fugue paraissaient lui accorder beaucoup de droits, dont ceux de brailler sur un court de tennis et de ne pas respecter le calme du Village.

Marc Porato franchit la haie protégeant les terrains. Il se souvint qu'avant Ugo ne jouait pas au tennis, pas même avec sa mère. S'il s'était avisé de le faire, jamais il n'aurait braillé de cette façon. Oui, le garçon avait changé, et pas en bien, décida Porato en s'approchant du grillage entourant les courts. Il pensa : « Un merdeux », ce qui le fit sourire, juste au moment où Ugo Jeunet perdait le point, son adversaire clamant « 40-0 ! ». Le jeune homme ramassa la balle perdue. Il aperçut le sourire du gardien. Un rictus s'imprima sur son visage triangulaire, couvert de sueur.

– Moi, jouer comme un con ne me fait pas marrer, marmonna Ugo, mais comme il parlait la tête penchée vers le sol, la remarque semblait ne s'adresser à personne.

Marc Porato élargit son sourire et répliqua froidement :

– Je comprends. Quand on est mauvais, c'est difficile de rire. Vous n'auriez pas vu un chien rôder dans les parages ?

Le jeune homme observa Porato tout en faisant rouler l'une sur l'autre deux balles dans sa main gauche, à la manière d'un joueur professionnel préparant un service. Il semblait hésiter sur la conduite à tenir. Envoyer promener le gardien en lui faisant remarquer qu'il le dérangeait ou lui répondre poliment comme un habitant du Village doit le faire afin d'aider un employé dans son travail. Il opta pour la seconde solution :

– Si. Un clébard noir qui pisse partout. Il est entré dans le vestiaire. C'est de ma faute, j'ai laissé la porte ouverte après m'être changé.

Marc Porato remercia. Grogna « Bonne partie », contourna le terrain de tennis alors que le jeu reprenait. L'autre joueur était un inconnu. Un jeune homme bas sur pattes, trop gros et rouge. Porato ne le connaissait pas et n'avait pas noté son entrée sur le registre, ce qui signifiait que le garçon était arrivé pendant une pause du gardien.

Le vestiaire était une pièce étroite, munie de deux bancs. Il sentait la poussière. Personne ne l'utilisait. Le chien était couché sur un des bancs. Sur l'autre, il y avait un sac de sport ouvert, un jean et un tee-shirt jetés en boule, et par-dessus une paire de chaussures.

– Salut le chien, dit Porato.

Le clebs l'observa de ses yeux apeurés.

– Je ne te veux pas de mal, marmonna Porato. Dors là jusqu'à ce soir si tu en as envie, je m'en fous.

Le chien parut comprendre. Il s'étira, bâilla, s'installa plus confortablement, les pattes repliées sous la tête, et ferma les yeux. Le gardien lui caressa le dos, tout en jetant un coup d'œil sur le sac de sport d'Ugo Jeunet. Un sac cabossé, assez sale. Pas vraiment le genre de bagage des résidents du Village, nota Porato, mais en revanche tout à fait le genre de sac qu'Ugo le fugueur avait dû trimballer sur les routes. Il se pencha. Curiosité banale ou curiosité de flic? La fugue du gosse le troublait. Comment pouvait-on disparaître ainsi durant six ans, puis revenir jouer au tennis comme si rien ne s'était passé? Porato vit une enveloppe au fond du sac. Sa main droite décida de la prendre bien avant que son cerveau ne l'y autorise. Un réflexe de policier qui saisit la moindre occasion de fourrer son nez dans les zones d'ombre. L'adresse, figurant sur l'enveloppe, fit tiquer Marc Porato. Il faillit remettre la lettre à sa place.

Thomas Savage

3, impasse Beurdais

64100 Bayonne

« Pourquoi lire ça ? » pensa le gardien du Village, tout en sachant qu'il lirait. Julia, avant de claquer la porte et de disparaître au Canada avec un Québécois concessionnaire Peugeot à Montréal, lui avait dit :

– Comment crois-tu qu'on puisse vivre avec un policier vingt-quatre heures sur vingt-quatre ? Tu ne penses qu'à ton boulot, pas du tout à moi et pas assez à Lucas.

Porato ouvrit l'enveloppe, en sortit une feuille d'un papier gris et froissé qu'il déplia.

Thomas, mon fils chéri,

Tu me manques.

Je n'écris pas ça à cause de l'argent que tu m'envoies, que tu m'as presque toujours envoyé, sauf pendant cette affreuse année que tu as passée en prison, à Barcelone. Tu es un bon fils. Je sais qu'obtenir cet argent a dû être très difficile et, pourtant, tu me l'envoyais. La vie ne m'a pas fait de cadeaux non plus, tu le sais.

Je n'en peux plus de t'attendre, mon fils chéri. Ta dernière visite remonte à trois ans, trois longues années. Tu te souviens? Tu étais revenu en train depuis l'Espagne, depuis Tarragone, pour mon anniversaire, me comblant de cadeaux. Je me suis toujours demandé comment tu avais pu acheter tout ça, alors que ton travail de serveur dans un restaurant ne marchait pas, tu me l'as dit, et que jouer du saxophone dans les bars ou dans la rue ne te rapportait pas grand-chose non plus. Tu avais dû beaucoup te priver.

Pourquoi ne viens-tu pas, maintenant que tu es sorti de prison et vis en France? Tu me l'avais promis. Je me fiche de l'argent, ce n'est pas ce que j'attends, je sais que tu n'en as pas puisque tu n'envoies plus rien, mais je veux mon fils. On se débrouillera. Je réussis à me débrouiller seule, alors à deux ce sera plus facile. Viens. Viens, mon chéri, avant qu'il ne soit trop tard. Les médecins disent que je peux vivre encore des mois, mais c'est si court, «des mois», alors j'ai peur.

Viens, Thomas.

J'essaie de réunir l'argent pour aller à Bayonne, mais le train est cher. J'aimerais te faire la surprise, si toi tu ne me la fais pas, même si le docteur Costantini dit qu'il est hors de question que je me lance dans un tel déplacement.

Maintenant, je cesse de me plaindre et te donne des nouvelles des personnes que tu connais et qui me demandent sans cesse ce que tu deviens.

La lettre s'arrêtait là. Il manquait une ou plusieurs feuilles. Marc Porato la replia et la remit dans l'enveloppe. Il inspecta le cachet postal. Le courrier provenait de Lille et avait été posté un an auparavant.

À Thomas Savage.

Le gardien du Village réprima un frisson. Cette femme était morte. L'évidence. Il n'aurait pu donner aucun argument pour étayer sa certitude, pourtant il était certain que cette mère suppliant son fils de lui rendre visite n'avait jamais revu son Thomas.

Porato entendit du bruit. Il remit la lettre au fond du sac, s'assit sur le banc et caressa le chien. Ugo apparut dans l'encadrement de la porte.

– Je me demandais ce que vous deveniez?

– Je me suis fait un ami, dit Marc Porato, et je n'ai pas envie de le quitter.

4

– Si nous allions passer un week-end à Venise ? proposa Antoine Jeunet, pendant le dîner. Ce serait formidable, non, toute la famille rassemblée au Palazzo Gritti ?

Sans se soucier de l'ébahissement comique saisissant *toute la famille*, il s'adressa à Manon :

– Tu te souviens du Palazzo Gritti ? C'était l'hôtel de notre voyage de noces.

Manon vida le fond de son verre de vin afin de ne pas s'étrangler avec le morceau d'omelette, malencontreusement mis dans sa bouche au moment de l'annonce. Elena hésita entre le fou rire nerveux et battre des mains en bredouillant « oh, ouais ! », mais elle croisa le regard éteint de son frère.

– Pourquoi pas? concéda Manon, tout en se levant afin de s'enfuir vers la cuisine.

Le sujet Venise en resta là. Il fut remplacé par des considérations sur les voisins, le Tour de France, le programme de télévision et d'autres sujets misérables qu'Elena n'écouta pas. Elle songeait à l'atmosphère nouvelle qui régnait à la maison depuis le retour de son frère. Marc Porato avait raison: une sorte de bonheur tranquille remplaçait la tension du passé. Pourtant, Elena ressentait parfois une désagréable impression de malaise. Chacun semblait être sur ses gardes, se forçant souvent à être joyeux, «afin que ça ne recommence pas», ainsi que l'avait dit son père, dès le deuxième jour.

– Essayons d'être disponibles les uns pour les autres, d'éviter... d'éviter les sources de conflit, afin que ça ne recommence pas.

Une phrase quelque peu sibylline, mais ils comprenaient tous ce que masquait le souhait «que ça ne recommence pas». Elena avait apprécié le culot de son père qui donnait des conseils de bonne entente, alors que *tout avait commencé* par sa faute. La règle numéro un consistait à éviter à tout prix d'évoquer la fugue d'Ugo. Grosso modo, le mode d'emploi de leur nouvelle vie fonctionnait. Il y avait même parfois des rires. Beaucoup de silences, aussi, mais il se trouvait toujours quelqu'un pour le briser par une remarque décontractée ou une proposition ahurissante. Le voyage à Venise en était une. Une autre consistait à inviter des voisins à un barbecue. Ils n'en revenaient pas : aucun n'avait reçu d'invitation durant ces six dernières années.

Les premiers jours qui avaient suivi le retour de son frère avaient été très étranges, si étranges qu'Elena pensait parfois assister à un film qui racontait la vie d'une autre famille que la sienne.

Ugo avait récupéré presque toutes ses habitudes. Dès le premier soir, il était entré dans sa chambre intacte, sous leurs regards apeurés. Il s'était rapidement réapproprié les lieux et les objets.

– Tu te reconnais ? avait balbutié Antoine Jeunet, des sanglots dans la voix.

Ils se tenaient les trois dans l'encadrement de la porte, comme si aller plus loin risquait de faire disparaître le mirage qu'était Ugo.

– Ouais, avait lancé Ugo. Je suis encore trop jeune pour Alzheimer.

Elena avait remarqué pourtant qu'il tremblait un peu. Il se déplaçait lentement. Le bleu agate de ses yeux explorait la pièce avec la précision d'un périscope de sous-marin.

– Nous n'avons rien touché depuis... avait encore dit Antoine.

Les mots « départ, fugue » ou tout autre désignant l'événement avaient été bannis de leur vocabulaire dès cette première soirée.

– Je vois, oui, avait répondu Ugo, haussant d'un mouvement brutal son épaule droite, tic acquis au golf en jetant son sac sur le dos et qu'il conservait en dehors du sport quand il était énervé.

– Tu aimerais être seul un moment ? avait demandé Manon, d'une voix réduite en poussière.

– Quoi ?

– On s'en va, si tu préfères, avait repris Elena, avec mauvaise foi.

Elle voulait rester, se rassasier de chaque geste de son frère.

– Sûrement pas. Pas tout de suite.

Ugo s'était retourné. Il souriait.

– J'aurai peut-être peur des fantômes. En plus, je dois me réhabituer : ça change des squats.

Brève grimace d'Antoine. Les yeux de Manon s'étaient fermés, la douleur s'imprimant sur son visage. Elena était bouche bée : elle ne parvenait toujours pas à croire que son frère avait dormi dans des squats, la rue... et en prison.

Ugo s'était assis derrière l'ordinateur et l'avait branché.

– C'est ce truc qui m'a le plus manqué.

Tous les trois avaient bravement souri sans s'offusquer d'une remarque aussi consternante.

– Il est sûrement naze, avait encore dit Ugo en appuyant sur le bouton de mise en service, mais avant que le premier râle ne surgisse de l'engin et que le premier éclair lumineux ne déchire l'écran, Antoine Jeunet avait protesté :

– J'ai veillé à ce qu'il reste en parfait état ! Mais je t'en offrirai évidemment un autre qui ne soit pas une casserole. Maintenant, on fabrique de véritables bijoux.

Ainsi, avait noté Elena, son père entrait dans le sanctuaire, touchait les objets de son fils, s'occupait de leur état, alors qu'il interdisait à sa femme et à sa fille de franchir la porte de la chambre.

L'ordinateur fonctionnait. Ugo avait déposé ses doigts osseux sur le clavier. Ils avaient retenu leur respiration. Aucune chance qu'il se souvienne de son code d'accès, que lui seul connaissait. Ugo avait pianoté sur le clavier, avec détermination. Internet. Son rire avait éclaboussé le silence :

– Je consulterai plus tard ma messagerie, mais elle a dû exploser sous le milliard de textes envoyés.

– Tu te souviens de tes codes d'accès ? s'était étonné Antoine.

Ugo s'était levé. Ses joues étaient creusées d'ombres sous les yeux. Dans la tête d'Elena, la voix de son frère reformulait l'aveu de l'après-midi : « J'en ai bavé... j'en ai salement bavé. »

– Je suis crevé, j'ai besoin de solitude maintenant, avait annoncé Ugo en s'avançant vers eux.

Elle avait eu la désagréable impression que son frère s'apprêtait à leur claquer la porte au nez.

Le dîner s'éternisait. Elena entendit Ugo dire qu'il sortirait se balader après le repas, irait jusqu'à Sponge prendre un pot au *Cri-Cri Bar*. Cette sortie du soir, assez habituelle depuis son retour, tendit l'atmosphère. La question lancinante était : « Ugo quitte Le Village. Reviendra-t-il ? » mais, bien sûr, personne ne montrait son inquiétude. Manon posa le dessert sur la table. Un crumble. Elle préparait des menus compliqués, délicieux, se souvenant de ce qu'Ugo aimait.

Elle demandait l'avis d'Elena, quand sa mémoire avait des absences. Toutes deux se rappelaient son dégoût de la crème. Il en décelait la présence avant même de goûter un plat.

Elena n'oublierait jamais le premier repas pris le soir du retour de son frère. Ugo avait parcouru la maison, ouvrant chaque porte, se rassasiant des pièces qu'il redécouvrait. Il s'était douché, puis il était descendu dîner. Il portait les mêmes vêtements fripés, presque sales, en particulier le tee-shirt.

– Demain, mon garçon, direction les magasins, avait bravement attaqué Antoine, afin de rompre la tension. Ta mère te remet à neuf, ça ne sera pas du luxe.

Il n'y avait pas grand-chose à manger, Ugo n'étant pas prévu. Des silences embarrassés s'étalaient autour du bruit des couverts. Chaque cliquetis de fourchette résonnait comme une explosion de pétard.

– Comment vas-tu? avait demandé Manon, répétant pour la dixième fois la question posée depuis le retour de son fils.

Ugo avait déposé sa fourchette. Tendu son verre.

– Papa, sers-moi du bordeaux.

Froncement des sourcils de leur père, puis une esquisse de sourire et:

– C'est vrai que tu as vingt-deux ans. Je dois m'y habituer. Tellement de choses changent entre l'adolescence et l'âge adulte.

Il avait servi le vin. Ugo avait vidé son verre cul sec. Il avait ensuite croisé les bras, adressé un clin d'œil à sa sœur :

– Maintenant, vous allez m'écouter. Il y a deux solutions à ce qui nous arrive. Ou on en parle indéfiniment et ça nous rendra malheureux indéfiniment. Seconde solution : on en parle une fois pour toutes ce soir et après, basta, sujet interdit pour tout le monde. J'ai l'intention d'avancer dans ma vie, pas de faire du surplace. OK ?

Son regard avait opéré un travelling, surveillant les réactions.

– Tu as raison, Ugo, avait concédé Manon, le visage décoloré.

– Bonne idée, mon garçon, avait appuyé Antoine, son visage à lui au contraire d'un rouge prononcé.

Elena était en désaccord. Elle aurait voulu que son frère évoque le passé. Qu'il leur dévoile tout. Pourtant, elle avait approuvé son choix d'un bref hochement de tête, parce que c'était plus facile.

– Ce que j'accepte de raconter sera court, avait

poursuivi Ugo. Ce que je ne raconterai pas ce soir, je ne le raconterai jamais.

Ses yeux étaient fiévreux, se souvint Elena. Brillants, comme si son frère éprouvait une grande excitation, et, cependant, son regard semblait lointain, presque vide. C'était vraiment une sensation étrange, quasi douloureuse, que de l'écouter ainsi, dans le silence de chapelle qui enveloppait la pièce.

– Je vous l'ai dit : j'en ai bavé, avait commencé Ugo. Il n'y a pas eu un seul jour durant ces six années où je n'en ai pas salement bavé. En quittant Le Village, je suis allé à Dijon. J'ai dormi deux jours dans un hôtel Formule 1, puis j'ai pris le train pour l'Espagne. La région de Barcelone. Nous avions passé de belles vacances là-bas.

– À Tarragone, avait murmuré Manon.

– Ouais, Tarragone. J'ai travaillé un peu dans des restaurants, pendant l'été, et des trucs ici et là, partout où on employait des Français pour servir les touristes. Après... après, j'ai zoné.

– Zoné ? s'était étranglé Antoine.

Ugo avait ri. Un rire bizarre, presque méchant. Son bras droit avait décrit une courbe.

– Évidemment, vu d'ici...

«Il n'a rien pardonné», avait songé Elena, le cœur serré. Il avait «zoné» par la faute de sa famille tout entière, puisque ni elle ni sa mère ne s'étaient opposées aux délires d'Antoine, voilà ce que signifiait le rire de son frère.

– Zoné, c'est-à-dire vécu de rien, avait expliqué Ugo. Ou plutôt...

Son regard impitoyable s'était posé sur chacun d'eux, tour à tour, avec insistance:

– Pas de rien... Des vols, des trafics...

Les mots étaient tombés comme des pierres. Une fois de plus, Antoine Jeunet avait courageusement relevé le défi:

– C'est le passé. Nous commettons tous des erreurs. L'essentiel est d'en tirer les leçons et de repartir sur la bonne route.

Elena avait laissé échapper un hoquet de stupéfaction. Quel culot avait son père! Lui qui ne cessait de s'affirmer comme étant le meilleur en tout, le plus capable, ne se trompant jamais, alors qu'il n'était entouré que de flemmards incompétents, de parasites de la société, de... Il était intarissable sur les «insuffisances» des autres.

– Je dormais dans la rue ou dans des squats, avait

poursuivi Ugo. J'en ai bavé. Finalement, la Guardia Civil m'a embarqué.

– La Guardia Civil... La police? avait gémi Manon. Mon Dieu!

– Ouais.

Le «ouais» avait flotté quelques secondes dans la salle de séjour, sans qu'Ugo semble soucieux de terminer son récit.

– Alors? avait demandé Elena.

Son frère lui avait adressé un autre clin d'œil, avant d'expliquer:

– Trois mois de prison. Sortie. Recabane six mois. Sortie. Recabane. Au total, plus d'un an de galère dans une prison de Barcelone.

– Tu n'es pas obligé de nous raconter ça, avait grogné Antoine. L'essentiel...

– Si, je suis obligé, sinon vous vous creuserez le cerveau jusqu'à ce que vous trouviez de quoi remplir ces six années. Je vous donne le mode d'emploi. Une fois sorti de taule, retour en France avec un copain français dont j'avais fait la connaissance entre les murs de la prison. Il était aussi paumé que moi.

– Bon, on dîne? avait coupé Antoine.

Ugo s'était comporté comme s'il n'avait pas entendu:

– À Bayonne, j'ai vécu le même bordel.

– Le même bordel? avait tiqué Manon.

– Maman, tu crois qu'en prison on parle la langue de Victor Hugo ou celle du Village? Oui, le même bordel: zoner, les squats, la débrouille, tout ce binz sans fin. Un jour, j'en ai eu marre, et me voilà. J'ai perdu six ans de vie.

Il avait pointé l'index de sa main droite vers son père:

– Je ne jouerai plus au golf. Tu peux revendre mon matériel ou le donner à un de tes amis. Je ne toucherai plus jamais un de ces trucs, que ce soit clair.

Puis, levant les deux mains ouvertes devant lui:

– Ne me posez jamais d'autres questions sur ces six années. Je ne veux plus entendre parler de cette période de merde.

Ni Antoine ni Manon n'avaient sourcillé en entendant «période de merde». Le silence s'était conclu par un «bon» fataliste prononcé par la mère d'Elena, suivi de bruits de couverts, et, peu après, Ugo avait annoncé qu'il montait dormir.

Elena s'aperçut qu'elle avait mangé son crumble sans s'en rendre compte. Elle naviguait encore dans ses pensées quand elle entendit son frère annoncer:

– Venise? Ah non! surtout pas. Je connais. Il n'y a que des vieux, des jeunes mariés ou des musées, là-bas. C'est sinistre.

Elena ne put retenir son rire. Venise ne la tentait pas plus que la Toscane. Elle se doutait que Manon n'appréciait pas davantage un voyage aussi ridicule.

– Finalement, pas de *Cri-Cri Bar* ce soir. Je reste ici. On se baigne, Elena? Ce n'était pas drôle, cet après-midi, avec ton copain, mais un bain la nuit, avec la piscine éclairée, je ne dirais pas non.

Il fixa sa sœur, attendant sa réponse.

– Pourquoi pas? fit mécaniquement Elena en pensant à Lucas.

Ce soir-là, Elena enfila un maillot noir une pièce. En s'observant dans la glace de la salle de bains, elle se sentit un peu triste, sans trop savoir pourquoi. Elle lorgna le deux-pièces jaune lumineux qu'elle portait l'après-midi même et qui finissait de sécher, étalé sur le bord de la baignoire.

Elle n'en revenait pas que Lucas ait accepté de venir. Elle refoulait son excitation en se disant que Marc Porato poussait son fils dans sa piscine et que peut-être Lucas n'était guère emballé. Pourtant, une autre voix plus positive lui déclarait que le garçon n'était pas un enfant de dix ans obéissant à son père et que donc, s'il était là... Un désir l'amenait ici. Pour elle? Pour la maison? Pour la baignade? Les trois, décida Elena en embrassant Lucas sur les deux joues, ce qu'il fit aussi.

– Tu grattes!

Il n'était pas rasé et n'avait fait aucun effort vestimentaire. Un jean fatigué, un tee-shirt décoloré.

– Viens! ordonna Elena en lui prenant la main, comme s'ils étaient copains, ce qui n'était pas le cas. Elle avait décidé de brusquer les étapes. L'été ne durait que deux mois.

Lucas se dévêtit au bord du bassin. Maillot vert. Un garçon musclé, bronzé, très beau, avec ses cheveux mi-longs, noir corbeau, coiffés un peu n'importe comment. Ugo était encore dans sa chambre. Il passait un temps fou sur son nouvel ordinateur. «Tant mieux et qu'il y reste», se dit Elena en se dévêtant à son tour. Elle mit tout le temps qu'il fallait pour retirer son tee-shirt et son short, afin d'obliger Lucas à la regarder. Il serait bien obligé de manifester une réaction, ou alors autant qu'elle capitule illico. Le garçon patienta. Il attendit qu'elle se retourne, le regarde, finalement un peu embarrassée par son cinéma de médiocre stripteaseuse.

Sa réaction fut directe et dépourvue de politesse. Un sifflement appuyé, le pouce droit levé et peut-être dans les yeux une lueur ironique.

– T'es super belle ! Ça ne se voyait pas autant sous tes jeans et tes pulls de bourge.

Ils rirent. C'était un bon début.

– J'ai apporté des gâteaux. Il faut les mettre au frigidaire. Prends-les dans mon sac.

Une boîte de la pâtisserie de Sponge qu'Elena emporta à la cuisine. À son retour, Lucas se baignait.

– Elle est bonne, viens.

Ils nagèrent. Des longueurs de piscine qu'ils accomplirent côte à côte, sans se parler. Parfois, leurs bras ou leurs jambes s'effleuraient. Ils ne s'évitaient pas et, très vite, ce qui était des frôlements accidentels devint volontaire. Comme si leurs corps s'attiraient dans l'eau. Elena pensa qu'en définitive tout était très simple. Une invitation transformait Lucas. Il n'était plus ce jeune homme distant qui disait à peine bonjour quand elle le croisait et lui adressait le minimum de mots quand il la surprenait à discuter avec son père. Elle détestait cette attitude, même si Marc Porato lui en avait expliqué les raisons :

– Lucas est un écorché vif depuis le départ de sa mère, suivi de mon départ de la police et…

Il avait montré la barrière qu'il levait ou abaissait.

– Et depuis mon arrivée ici. Mon fils préférerait que je fasse autre chose. Ses déceptions l'amènent à repousser tout le monde, pas seulement toi, Elena. C'est sa façon de clamer haut et fort : « Je suis le fils du gardien du bunker et je vous emmerde. »

Ils se firent bronzer sur des serviettes étendues sur le dallage de la piscine, sans utiliser les bains de soleil.

– Un truc de vieux, décréta Lucas.

Manon avait déserté la maison, comme si elle voulait favoriser leur intimité. Antoine travaillait à ses bureaux de la SCI. Ugo demeurait enfermé dans sa chambre. Le silence. Une attente. Parler était trop risqué. Elena était sur des charbons ardents. L'attente était si douloureuse que la voix de Lucas fut une délivrance :

– J'aimerais t'embrasser. Je peux ?

Elle conserva les yeux clos. Pas à cause du soleil. La voix pouvait être un mirage, alors autant refuser de s'en rendre compte encore une seconde ou deux.

– Tu as dit quoi ?

Lucas se recroquevilla aussitôt :

– Rien… rien d'intéressant.

– Si. J'ai entendu. Enfin, je crois. Redis-le.

– Je peux t'embrasser?

– Oui... J'attends que tu le fasses depuis que toi et moi habitons Le Village.

Lucas bascula son corps vers celui d'Elena. Ses lèvres se posèrent sur les siennes. Des lèvres fraîches et chlorées. Puis:

– Moi aussi, je rêve de ce moment depuis que j'ai dix ans. J'avais peur, pas de toi, mais...

– Je sais de quoi tu avais peur.

Lucas l'embrassa encore. Ils étaient deux corps fondus l'un à l'autre, mais quand Elena ouvrit enfin les yeux, elle s'aperçut que son frère les observait depuis la fenêtre de sa chambre.

La maigreur d'Ugo et la fragilité de son ossature contrastaient d'une façon embarrassante avec la musculature déliée de Lucas et son aisance physique. «Est-ce cette comparaison peu flatteuse qui a rendu Ugo aussitôt distant et hostile?» se demanda Elena.

Il les avait rejoints au bord de la piscine moins d'une minute après avoir surpris leurs baisers.

– Salut, Ugo.

– Salut.

Ugo avait aussitôt plongé. Nagé. Longtemps. Si longtemps que Lucas avait murmuré à l'oreille d'Elena :

– Ton frère fait la gueule. Je le rejoins.

Ugo avait quitté le bassin dès que Lucas y était entré.

Maintenant, allongés au soleil tous les trois, ils ne trouvaient aucun sujet de conversation et jouaient la comédie de la somnolence. Elena s'en voulait. Son invitation était absurde. Elle plaçait son frère dans l'embarras, le confrontant trop tôt avec un résident du Village qui connaissait son passé. Le bonheur d'avoir enfin embrassé Lucas était gommé par la peur de rendre son frère malheureux. Cette peur la hanterait toute sa vie. Ne jamais rendre Ugo malheureux, sinon...

– Tu te souviens de nos parties de foot ? demanda Lucas, pour engager la conversation.

Ugo ne répondit pas.

– On se marrait. Tu te souviens que le dirlo du golf, à l'époque, nous avait surpris à bousiller ses greens et qu'il m'avait proposé de m'apprendre à jouer au golf pour que j'arrête d'abîmer son terrain ?

Lucas rit. Un rire forcé.

– Tu ne te souviens pas ?

– Non ! répliqua sèchement Ugo. Je n'ai aucune envie de me souvenir de quoi que ce soit qui date de cette époque.

Presque une heure s'écoula ainsi. Les garçons se détestaient. Ugo retourna se baigner. Elena le rejoignit et nagea avec lui.

– Tu ne savais pas nager le crawl... heu... avant. Tu m'apprendras ?

– En Espagne, la mer est partout. Je passais des heures dans l'eau. Je t'apprends tout de suite, si tu veux, p'tite sœur.

Ils étaient dans la partie du bassin profonde d'un mètre cinquante. Ugo s'approcha de sa sœur.

– Tu dois bouger ton corps de cette façon...

Ses mains étreignirent ses hanches, les balançant dans une sorte de roulis très doux.

Elena se sentit rougir. Elle regarda Lucas qui les observait depuis la plage. C'était idiot de réagir ainsi, Ugo était son frère, mais elle ne put s'empêcher de penser que Lucas serait jaloux. Elle rougit davantage, troublée, s'écarta et dit :

– J'apprendrai plus tard, un autre jour.

Elle quitta la piscine, s'allongea près de Lucas. Ugo sortit à son tour de l'eau et se pencha au-dessus d'eux, de façon que les gouttes froides mouillent leur peau brûlante.

– Je ne vous dérange pas?

Elena émit une grimace de souris acculée par un chat. Lucas s'appuya sur les coudes et fixa Ugo:

– Si! Tire-toi!

Ugo recula. Hésita. Elena se précipita:

– Je vais chercher les gâteaux que Lucas a apportés.

– Descends-moi une bibine en même temps, jeta Ugo en haussant les épaules et s'asseyant enfin.

Une bibine... Décidément, les années d'errance et de squat avaient abîmé non seulement le corps de son frère, mais aussi son langage, jugea Elena, irritée par la grossièreté de sa conduite.

Quand elle revint, sans la bière mais portant la boîte de gâteaux à bout de bras comme si elle transportait une grenade dégoupillée, elle s'aperçut que les garçons se parlaient avec animation, alors qu'elle s'attendait à un silence tendu.

– Vous parlez de quoi? fit Elena, déposant la boîte dans un endroit accessible à tous. Pendant le trajet, elle avait pensé que Lucas était vraiment différent des autres garçons: offrir des gâteaux à une fille pour une

invitation à la piscine était une idée bizarre, un peu vieillotte.

– L'avenir ! Notre avenir ! lança Ugo, un sourire aigu aux lèvres qui semblait conclure qu'un tel sujet était sans intérêt.

Elena se crispa. Elle relança pourtant la conversation :

– Et vous voyez ça comment, les garçons ?

Ugo prit les devants :

– Ton copain veut devenir flic ! Tu imagines ça ? Il a le goût du suicide.

Il lorgna Lucas.

– Comme papa, hein ? Pourtant, ça ne lui a pas trop réussi, à ton père.

Elena se crispa davantage. Lucas fourragea dans ses cheveux puis se toucha le nez en disant :

– Je suis certain que j'aurais un pif du tonnerre pour repérer les criminels. J'adorerais en coincer un maximum. Mais je reconnais que c'est un boulot moins rentable que l'immobilier pour friqués.

Le doigt quitta le nez et s'aventura avec nonchalance dans la direction d'Ugo.

– Ton frère pense reprendre le bizness de ton père. Construire partout des bunkers, là où les gens auront peur des autres. Il va avoir du travail.

Le doigt tomba, comme s'il était trop lourd pour que la main le porte.

– Remarque que, s'il enferme tous les friqués derrière des murs de deux mètres de haut avec des miradors tout autour, nous les flics on sera peinards puisque les pauvres auront du mal à faire des conneries.

– Bon, on mange les gâteaux, avant qu'ils aient fondu ? coupa Elena.

Elle ouvrit la boîte. Faillit éclater de rire, malgré l'ambiance à couper au couteau. Des choux à la crème, pas très appétissants, cernés de coulures blanchâtres parce que l'emballage avait été malmené. Son frère détestait la crème. Elle lui donnait des nausées. Elena effleura l'épaule de Lucas :

– Tu sais, des choux à la crème... heu...

Elle s'interrompit. Comment s'y prendre sans le vexer ? En outre, Ugo risquait d'imaginer une provocation de la part de l'invité. Son envie de rire se mua en exaspération. Quoi qu'elle dise ou fasse, elle attiserait la tension entre les deux garçons. Qu'ils se débrouillent, après tout. Elle poussa la boîte ouverte vers eux.

– Tu n'aimes pas ? fit Lucas.

Elena feignit l'enthousiasme :

– Si. Ils ont l'air délicieux.

La déception colora ses pommettes. Son magnifique plan d'encerclement du beau Lucas virait au désastre.

– Moi, en tout cas, j'ai la dalle! lança Ugo. Et merci pour la bière oubliée, p'tite sœur!

Il attira la boîte de pâtisseries jusque sous son menton et s'exclama:

– Ouais, des choux à la crème!

Il en choisit un, repoussa l'emballage et mordit férocement dans la pâtisserie. La crème fusa. Lucas fit «beurk» mais, d'un doigt, Ugo récupéra la chose blanche qui dégoulinait. Il suça son doigt, dit:

– Putain, faut pas en perdre, c'est trop bon!

Lucas lorgna Elena. La goinfrerie d'Ugo semblait lui plaire. Elle enterrait la hache de guerre. D'ailleurs, il s'exclama:

– Ben, dis donc! Tu peux manger le mien. La chaleur me coupe l'appétit.

– Ouais, merci! J'avais oublié le goût des choux à la crème!

Elena ne quitta pas son frère des yeux tout le temps que dura son goûter. Ses fins sourcils se froncèrent. Ugo mangeait goulûment, d'une façon presque repoussante. Il surprit le regard à la fois incrédule et sévère de sa sœur.

– Ben quoi? J'ai pas le nez à sa place?

Lucas intervint:

– Ma grand-mère dirait: «Tu fais plaisir à voir, mon garçon.»

Elena déplaça la boîte de gâteaux, afin de se donner une contenance.

– Je croyais que la crème... Je me souvenais que tu n'aimais pas ça.

Ugo ricana:

– Six ans dans la rue apprennent à changer ses goûts culinaires!

Elena se ravisa, dit:

– Mange aussi le mien. Lucas a raison, il fait trop chaud.

Elle lui adressa un discret clin d'œil, espérant qu'il suffirait à faire oublier l'impolitesse qu'il y avait à repousser son cadeau.

– Merci, p'tite sœur, mais je le mangerai plus tard, sinon je me noie au prochain plongeon.

Ils demeurèrent ainsi une dizaine de minutes à parler de choses anodines. C'étaient les garçons qui parlaient. Le Tour de France, les jeux Olympiques en Chine. Elena écoutait à peine.

– Je dois partir, annonça Lucas.

Elle n'essaya pas de le retenir.

– Tu reviens quand tu en as envie.

– Merci. On pourrait aussi aller au bord du lac Kir, à Dijon, il y a plein d'espaces sympas.

Elle comprit aussitôt que Lucas ne reviendrait pas à la maison et qu'ils se retrouveraient dans d'autres endroits. Sans Ugo.

– Je t'emmènerai en scooter, proposa Lucas.

Elena saisit son sac de plage dans lequel elle fourrait un nombre insensé d'objets.

– Je te donne mon numéro de portable. Je regarde mon carnet, je ne le connais pas encore par cœur. Tu me donneras le tien.

– Je n'ai pas de portable.

Ugo ricana :

– T'es vachement moderne comme garçon !

Elena se dit que la guerre allait reprendre. Elle s'empressa de déverser le contenu entier du sac sur la plage afin d'accélérer sa recherche. Parmi les objets répandus, il y avait les deux chouettes roses en peluche offertes par son frère. Elle les prit, les déposa dans le creux de sa main droite.

– Elles sont marrantes, dit Lucas.

– Tu trimballes tes ninnins, comme une gamine de cinq ans? ironisa Ugo. Tu suces encore ton pouce?

Le cœur d'Elena s'accéléra. Elle frotta les peluches naines contre sa joue.

– Tu as perdu la tienne?

– La mienne? La mienne quoi? dit Ugo.

La tristesse submergea Elena. Elle était stupide de vouloir rassembler les morceaux d'une époque que son frère souhaitait oublier. Elle vivait encore dans le passé alors que lui en avait même gommé les moments heureux. Pourtant, elle ne put s'empêcher d'insister:

– J'avais trois chouettes. Je t'en avais donné une. Tu ne te souviens pas?

Ugo se leva. Il se planta devant Elena, les jambes écartées, et tendit un index rageur:

– Stop, ma vieille! Laisse tomber ces histoires de choux à la crème, de chouettes, tous ces trucs de quand nous étions gosses, sinon...

Il fit demi-tour, s'éloigna en disant:

– Salut, Lucas. Un de ces jours, si tu veux jouer au tennis, fais-moi signe.

– Tu sais, p'tite sœur, que tu es encore plus belle en noir qu'en jaune? constata Ugo quand Elena arriva au bord de la piscine, accompagnée de sa mère qui portait un deux-pièces, noir lui aussi.

On aurait dit deux sœurs, deux Suédoises photographiées pour une revue de tourisme vantant le charme d'un hôtel avec piscine. Trois projecteurs éclairaient l'eau. Ils s'allongèrent sur les bains de soleil. Manon soupira :

– On est bien ici, les trois.

Elle sourit, puis éclata de rire :

– C'est mieux que Venise, non ?

– Mieux que tout, dit Ugo. Dommage que...

Il se tut. Manon l'encouragea :

– Dommage que quoi ?

– Les murs, les caméras, le gardien, tout le monde qui connaît tout le monde. On étouffe à vivre ainsi, les uns sur les autres. Ça ressemble à une prison de luxe.

Il claqua sa langue contre son palais avant de poursuivre :

– Fort Boyard, le bunker... pas mal trouvés, ces noms. Je ne pourrai pas vivre ici longtemps. Lucas Porato pense comme moi et veut se tirer du Village le plus tôt possible.

L'accablement saisit Elena et sa mère.

– Ugo... gémit Manon, d'une voix découragée.

– Tu penses déjà à partir? fit Elena en considérant l'extrémité de ses pieds, comme si elle vérifiait l'état du vernis rose des ongles.

Ugo rit:

– Mais non! J'habiterai ailleurs, dans mon appartement, à Dijon. Pas Sponge, c'est un trou.

– Ne me fais pas peur, mon chéri, je t'en supplie, murmura Manon. Si ton père était là...

– Il fait quoi, papa, bouclé dans son bureau au lieu de se baigner avec nous? Il compte ses timbres?

– Ah, tu te souviens des timbres! s'exclama Elena. Tu as raison: il travaille ou s'occupe de sa collection de timbres.

– Plutôt que je me souviens, p'tite sœur. Les timbres, le golf, le boulot, les trois dans le désordre.

Ugo s'étira. Son squelette craqua.

– Tu es trop maigre, constata Manon.

– Papa avait un timbre... J'ai oublié son nom... Il y tenait presque... presque autant qu'à ma carrière de champion de golf. Il l'a toujours?

– L'«Inverted Jenny», précisa Elena.

Elle lui tira la langue:

– Évidemment qu'il a encore l'«Inverted Jenny», puisque tu en hériteras! Il te l'a promis des centaines de fois. Moi, sa fille, il ne me restera plus que les yeux pour pleurer.

Elle rit, sans grande conviction, si bien que le rire souligna le ton trop sarcastique de sa voix.

– T'es jalouse, frangine?

– Je me fous des timbres.

– Tu ne devrais pas, intervint Manon. Ton père n'a pas à disposer de l'« Inverted Jenny » à sa guise. Il ne me demande même pas mon avis. Le timbre appartient à vous deux.

Ugo applaudit. Il se retourna sur le ventre et enfouit sa tête entre ses bras.

– Elena a raison. Ce n'est jamais qu'un timbre, un morceau de papier parfaitement ridicule, et même s'il vaut quatre sous...

– Quatre sous? s'insurgea Manon. L'« Inverted Jenny » est estimé à un million d'euros!

Elena vit le dos de son frère s'arc-bouter. C'était d'autant plus visible que l'absence de muscles soulignait l'arc de la colonne vertébrale.

Ugo resta silencieux.

– Tu m'as entendue? demanda Manon.

– Je ne suis pas sourd.

Il y eut un silence, puis Ugo ricana:

– Papa a intérêt à bien le planquer, même si on habite Fort Boyard.

– La cachette n'a pas changé depuis six ans, dit Elena, et papa n'en changera pas jusqu'au jour où tu en hériteras. Il aime autant cet endroit que l'« Inverted Jenny ». Bon, on se baigne ou pas? À minuit, je dormirai depuis longtemps.

5

Trois semaines plus tard.

Marc Porato était à son poste. Et s'ennuyait ferme. Une bonne partie des résidents du Village prenaient leurs vacances en août. Pas le boss, qu'il avait vu partir au travail trois heures auparavant. Le retour de son fils l'avait transformé. Il souriait au gardien, lui adressait un signe amical de la main et allait même jusqu'à dire « Bonjour, Marc ». Ça changeait de la tête de boxeur sonné qu'il affichait depuis six ans.

Personne ne sortait, personne n'entrait. Lucas était parti au bord du lac Kir, emportant à l'arrière de son scooter une Elena radieuse. Et de plus en plus belle.

– J'ai au moins servi à quelque chose, ruminait Porato. Dire que, de nos jours, ce sont les parents qui doivent ouvrir les yeux de leurs enfants pour qu'ils tombent dans les bras l'un de l'autre. Pas étonnant qu'il y ait autant de célibataires!

Marc Porato ronchonnait à mi-voix. Un tic de vieux, déjà. Ou de type solitaire qui préfère parler au mur qu'à personne. Il ne parvenait pas à se concentrer sur le roman policier posé devant lui. L'auteur s'imaginait que balancer un crime toutes les vingt pages suffirait à retenir l'attention du lecteur. Porato étira ses jambes ankylosées. Il se sentait de méchante humeur. Que son fils drague Elena était sympathique, mais bon, l'embarquer dans des balades presque tous les jours... Les amoureux exagéraient.

– Tu raisonnes comme un vieux con qui se voit abandonné, grommela Porato en envoyant promener le polar si loin et si fort qu'il faillit passer à travers la vitre ouverte de la guérite.

Sa morosité avait une autre explication que l'abandon supposé de son fils. Dès son réveil, une pensée ne l'avait plus quitté: «Bon Dieu, mais qu'est-ce que je fous là? Combien de temps encore je vais me doucher, avaler un café et aller m'asseoir derrière une vitre?» L'interrogation sournoise était devenue franche révolte quand Lucas et Elena étaient partis. La jeune fille tenait la taille de son fils, la tête appuyée à son dos. Le vent soulevait sa jupe et dévoilait une bonne partie de ses jambes. Les adolescents riaient. Un bonheur romanesque et pourtant réel.

– À ce soir, monsieur Porato, avait dit Elena. J'enlève Lucas, mais on sera sages... enfin, peut-être!

Alors, sa révolte s'était muée en décision brutale. Il avait crié:

– Fils, j'en ai marre de ce cirque ici! Profites-en: en septembre, je démissionne de ce boulot!

– Mais oui, mais oui! avait ricané Lucas en démarrant parce que la barrière se levait.

La décision de Porato était cette fois irrévocable. Il sentait qu'il ne reviendrait pas en arrière. Il partirait, mais pour faire quoi et où? L'angoisse du vide lui nouait les tripes.

Il entendit un bruit de moteur. Onze heures. Porato appuya sur le bouton qui actionnait la barrière. C'était l'heure d'Ugo. Ugo rejoignant son père au travail, à la SCI de Dijon.

– Une belle foutaise que ce job! jugea Marc Porato en découvrant la Clio qui descendait l'allée à petite vitesse.

Le travail d'Ugo Jeunet débutait au mieux aux alentours de onze heures et se terminait au pire vers quinze heures. Une rumeur commençait à se répandre à Sponge et gagnait peu à peu Le Village : le « travail » du fils Jeunet consistait surtout à draguer les femmes qu'employait son père.

– Salut, Porato ! clama Ugo en ralentissant.

Le jeune homme lui adressa un petit signe de la main. Le « Salut, Porato » familier, presque vulgaire, ainsi que le signe expéditif de la main dataient du lendemain de l'invitation de Lucas à la piscine.

– Vous êtes quasi de la famille, maintenant, avait ironisé Ugo, d'une voix glaciale.

La Clio s'éloigna.

– Ce grand con commence sérieusement à m'énerver, marmonna Porato.

Il regretta aussitôt de se montrer aussi impitoyable. De quel droit? Ugo avait vécu six abominables années qui l'avaient rendu prétentieux, égoïste, vulgaire, indifférent à peu près à tout, sauf à l'argent et à la réussite sociale. Comment en vouloir à un gamin qui avait connu l'enfer, même s'il l'avait choisi? Si Lucas avait vécu une pareille épreuve, dans quel état serait-il aujourd'hui? se sermonna Porato.

Un souvenir lui revint en mémoire.

– Papa, regarde ce qu'on a trouvé sur le golf?

Les garçons revenaient d'une partie de foot interdite sur le fairway du trou numéro 4, à la nuit tombante. Une pie blessée recroquevillait sa peur entre les mains d'Ugo.

– Elle a une aile pétée, avait expliqué Lucas.

– On va la soigner, avait annoncé Ugo.

– Inutile, Ugo. Un oiseau blessé meurt. Je vous conseille, les garçons, de déposer la pie sous un buisson et de la laisser mourir tranquillement.

– Sûrement pas, monsieur Porato. Je vais lui faire une attelle, la nourrir, et on verra bien. On ne sait jamais.

– Si, on sait, Ugo.

– Papa, on essaie quand même ce que propose Ugo?

– Si ça vous ennuie, monsieur Porato, j'emporte la pie chez moi. Elena sera d'accord et ma mère aussi.

Lucas avait lorgné son père en grimaçant. Antoine Jeunet se débarrasserait de la pie.

Durant six jours, Ugo était venu prendre des nouvelles de l'oiseau.

– Elle tient le coup, je n'en reviens pas! constatait Marc Porato. Normalement, elle aurait dû mourir en quelques heures.

Le miracle s'était produit le septième jour. L'attelle enlevée. La pie, prostrée dans un coin de sa cage, avait levé la tête, ouvert grands les yeux. Ugo l'avait déposée sur son bras droit. Elle s'était envolée.

– T'as l'air malin, papa, avec ton diagnostic : un oiseau blessé meurt rapidos, avait commenté Lucas.

Ugo n'avait rien dit. Le gardien avait remarqué ses yeux flous, embués. Avant de s'en aller, alors qu'il reconnaissait son erreur en déclarant « tu avais raison, mon garçon, il fallait y croire », Ugo avait esquissé un sourire triste, puis dit :

– Parfois, il faut se battre pour vivre. La pie avait envie de vivre.

Ce souvenir accrut le malaise de Marc Porato. Le gamin de seize ans, si fragile, au cœur tendre, avait disparu. Il était devenu un adulte très différent, ce que Porato admettait, mais trop de petits événements le troublaient. Elena dévoilait parfois des bribes de leur vie familiale reconstruite et ses récits étaient autant de minuscules morceaux de puzzle qui, mis bout à bout, dessinaient une silhouette déplaisante. Porato s'ennuyait jour après jour, ce qui lui laissait le temps de ruminer, de penser à la fugue, au retour du garçon et de noter tous ces détails qui le rendaient si peu sympathique.

– T'es trop flic! se gronda-t-il, furieux de constater que son ancien métier lui collait toujours à la peau.

Et, aussitôt, il repensa à la lettre découverte au fond du sac de sport d'Ugo. Une mère écrivait à son fils. *Thomas Savage.* Lequel avait fait de la prison en Espagne. À Barcelone. Comme Ugo. Pourquoi le frère d'Elena détenait-il une lettre qui ne lui était pas adressée? Marc Porato sentit les muscles de son dos se contracter. Le sixième sens du policier qui se réveillait?

– Bof, ton sixième sens, c'est pas autre chose qu'un coup de bol de temps en temps, décrétait Lucas.

Par provocation, il ajoutait:

– Flic, c'est un boulot de chien.

Mais si on lui demandait: «Tu vises quel métier, plus tard?», il répondait invariablement: «Policier, comme mon père», en arborant un large sourire qui interdisait à l'interlocuteur d'épiloguer.

Porato se dirigea vers les toilettes. L'endroit idéal pour réfléchir. Son malaise le rendait nerveux. Ugo, durant ces six années d'errance, était-il devenu un voyou? Une pente facile à descendre quand on n'a plus d'argent, plus de famille, plus d'amis, plus de repères. Plus rien. Porato urina. Il prit son temps, peu pressé de regagner la tour de contrôle.

– Ugo voyou pourrait causer des dégâts, marmonna Porato en reboutonnant fiévreusement sa braguette. Il rendra Elena malheureuse.

La gentille, douce et belle Elena que son garçon, en ce moment, serrait dans ses bras, sur la plage du lac Kir, à Dijon.

– Ah ça, non! grogna Porato.

Sa décision était prise. Il y songeait depuis des jours, s'emparait du téléphone portable, le repoussait en s'engueulant: «Mais de quoi je me mêle!» Cette fois, il composa le numéro personnel du commissaire Molax, son ex-supérieur hiérarchique à l'hôtel de police de Dijon. La voix de Molax claqua, rêche:

– Ouais.

– Marc Porato, Fred.

– Marc? J'y crois pas! Six ans sans un mot et... T'es mort, en enfer, et là-haut tu t'emmerdes à un tel point que tu appelles tes anciens amis?

– Arrête, Fred. J'ai un service à te demander. Tu peux refuser, je comprendrai.

– Tu ne manques pas d'air, toi! Avant que tu me racontes, dis-moi ce que tu deviens depuis ton départ de la maison Poulaga.

– On s'en fout, Fred, de ce que je deviens. Je ne deviens *rien* depuis six ans, mais c'est bientôt terminé. Tu es d'accord pour m'aider, ou non?

Fred Molax dégaina le hennissement qui lui servait de rire:

– Ouais. Ça me plaît que tu sois obligé de me demander un service. Vide ton sac, on discutera après.

– Je te dis ce que j'attends, mais autant te prévenir: inutile de me demander des explications, de me sortir des «pourquoi?» et des «comment?». Je ne répondrai à aucune de tes questions.

– Toujours aussi bâton merdeux, à ce que je vois, Porato! Allez, je t'écoute. Tu étais un bon flic qui a fait du bon travail dans mon service, donc je paie la dette du commissaire envers son collègue.

– J'aimerais que tu me renseignes sur un jeune type qui a fait de la prison en Espagne.

– Rien que ça! De la prison, pour quel motif? Comment le gardien du Village peut-il s'intéresser à une personne qui a fait de la prison?

Marc Porato soupira. Toujours le même insupportable bagout de Fred qui posait mille questions.

– Je t'ai prévenu, Fred: pas de questions!

– D'accord. D'ailleurs, je suis idiot : s'il y avait des problèmes au Village, tu les garderais pour toi, sinon tu perdrais ton job.

– C'est ça, oui, c'est ça, marmonna Porato. Je suis du genre à la fermer quand je risque gros, c'est connu.

Un silence.

– Excuse-moi, Marc, là j'ai déconné. Dis-moi ce que tu sais au sujet de ton Espagnol.

– Il n'est pas espagnol, mais probablement français. Il se nomme Thomas Savage. Il a habité 3, impasse Beurdais, à Bayonne, mais auparavant il a vécu en Espagne, sur la Costa Brava. Il a été emprisonné un an à Barcelone. J'ignore son âge, mais sa mère habite Lille. Je devrais dire « habitait » car je pense qu'elle est décédée. Elle lui a écrit une lettre comme une mère écrit à un *jeune* fils. Thomas Savage a exercé des petits boulots en Espagne, en France aussi, sans doute. Voilà ce que je sais.

– Merci pour le cadeau, Marco !

– Marco ?... Il y a eu une époque où tu m'appelais Marco. C'était... c'était avant et j'aimais bien.

– Oublions cette pourriture de période, Marc. Quelque chose a foiré entre nous, bon...

La gorge de Porato se serra. Il prenait des risques en titillant la corde sensible. À ce petit jeu, c'était lui qui trinquerait. Il respira profondément et revint au sujet de son appel :

– Tous les renseignements que tu trouveras sur Thomas Savage m'intéressent.

– Marc, tu n'as pas oublié le fonctionnement de nos services au point de ne pas savoir qu'obtenir des renseignements sur un type emprisonné en Espagne va être duraille ? Un vrai parcours du combattant !

– Fred, ne me prends pas pour un imbécile. L'Espagne, Barcelone... je ne te demande pas d'enquêter en Mongolie extérieure. Une dizaine de coups de téléphone à la Guardia Civil... En plus, chez nous...

Porato toussa de façon à effacer le malencontreux « chez nous ».

– Ta collègue, Lucie Courvoisier, parle parfaitement l'espagnol. Elle a servi de traductrice quand ton équipe a gaufré les deux membres de l'ETA planqués dans une maison au bord de la Saône.

– OK, Marco, j'ai perdu. Espérons que ce service rendu arrondira les angles entre nous. Je m'y colle à la fin de la semaine, j'aurai un petit creux dans mon emploi du temps.

– Non, Fred, pas à la fin de la semaine. Si tu veux arrondir les angles, commence aujourd'hui. J'attends ces renseignements demain soir au plus tard.

Le commissaire Molax émit un sifflement désagréable, puis il éclata de rire :

– Je te reconnais bien là, Porato ! C'était pour ça que tu étais un bon flic : teigneux, du punch, sûr de toi. Bon, d'accord, demain je te dis tout.

– Merci, Fred. Salut.

– Attends... attends une seconde, Marco.

La seconde s'étira. Puis la voix de Molax se fit pâteuse.

– Fais pas le con, Marco. Ne mets pas les mains dans le cambouis pour jouer au flic parce que ça te manque. Je... je n'aimerais pas que tu ramasses encore des coups. En tout cas...

– En tout cas ? encouragea Porato.

– En tout cas, tu peux me rappeler aussi souvent que tu en as envie. Je t'aiderai autant que possible. Heu... personne n'est obligé de faire les mêmes erreurs et j'ai l'intention de ne pas figurer dans la catégorie « récidivistes ».

Marc Porato passa une mauvaise nuit. Il ressassait sa conversation avec le commissaire. Se culpabilisait. Il venait de déclencher une histoire qui pouvait lui retomber sur le dos de vilaine façon. Si la famille Jeunet apprenait qu'il se mêlait de sa vie privée, les conséquences seraient pénibles. Il perdrait son travail, ce qui était sans importance puisqu'il avait décidé de le quitter, mais Antoine Jeunet avait le bras long dans la région et Lucas risquait d'en souffrir. Porato dormit mal pour d'autres raisons que ses regrets d'avoir fourré son nez où il ne fallait pas. Que lui apprendrait Molax? La lettre d'une mère à son fils n'avait pas atterri dans le sac de sport d'Ugo Jeunet sans une bonne raison. Elena avait raconté que son frère avait lui aussi fait de la prison à Barcelone. Un lien existait entre Ugo et Thomas. Marc Porato se retournait dans son lit, imaginant les liens possibles entre les deux garçons. Sa mentalité de policier pressentant des actes illégaux derrière chaque conduite hors normes élaborait divers scénarios. Aucun ne lui plaisait.

Ce que lui avait dit Lucas, au retour d'une journée au bord du lac Kir, à Dijon, alimentait aussi son insomnie.

– Bien amusés, les gamins? avait gloussé Porato, quand le scooter s'était glissé sous la barrière levée.

– Pas mal, papi ! avait riposté Lucas.

Ils avaient raconté. Du moins, ce qu'il est possible de raconter à un père, quand une fille et un garçon de seize ans amoureux l'un de l'autre sont ensemble. Des banalités ponctuées de rires. Leurs yeux brillaient. Se disaient autre chose. Porato avait mis fin à son interrogatoire de père un peu anxieux.

– Profitez-en, les enfants. Vivez maintenant, sans attendre et remettre à demain la poignée de bonheur que vous pouvez saisir aujourd'hui.

Lucas avait émis un sifflement moqueur :

– Tu n'as pas la pêche, papa. Tu as un souci ?

– Pas de panique, Lucas, ça va. Je fais de la philosophie de bistrot, c'est tout.

Le couple s'était séparé. Des baisers. Elena s'était approchée de Marc Porato. Il avait tendu la main, mais elle lui avait claqué une bise sur chaque joue :

– On se connaît depuis si longtemps, monsieur Porato.

Un rire bref, suivi d'une moue, puis :

– La magie du retour de mon frère. Ugo a changé, changeons aussi.

Les bises d'Elena n'étaient pour rien dans le mauvais sommeil de Marc Porato. En revanche, la discussion qu'il avait eue avec son fils, après le départ de son amie, l'avait ramené à Ugo.

– Si tu continues à sortir avec Elena, sois un garçon irréprochable. Je ne sais trop comment te dire ça, mon fils, mais j'aime beaucoup Elena et elle a eu sa dose de chagrin durant ces dernières années, donc épargne-lui ce qui peut être évité.

– Laisse tomber, papa, j'ai compris. Julia, les femmes, le policier plus policier que mari, les erreurs… J'ai seize ans, papa, et Elena…

Lucas avait baissé la tête.

– L'expression fait naze, mais je m'en fous : Elena, je l'aime, papa.

Marc Porato avait frictionné sa barbe épaissie du soir. L'aveu ne le surprenait guère, n'empêche qu'entendre son fils le dire n'était pas évident. Il avait essayé de dévier la conversation :

– Pourquoi elle a fait la grimace en disant : « Ugo a changé » ?

– Il est venu au lac. Cet après-midi, bosser avec son père consistait à se trimballer en compagnie de deux jolies filles, deux brunes super bien lookées. Il nous a retrouvés, et nous coller ces deux filles vulgaires sous

le nez semblait l'amuser. À mon avis, il s'agissait de deux... j'exagère peut-être, mais...

– Deux prostituées ?

– Ouais, papa, deux putes. Elena était gênée. Après, ça s'est corsé.

– Corsé ?

– Je crois qu'Ugo avait bu. Ils rigolaient tous les trois comme des idiots, parlaient des vacanciers en commentant à voix haute leur physique.

– Et alors ?

– Elena se taisait. Elle essayait de ne pas les regarder, même s'ils se tenaient debout près de nous, scrutant la plage comme des surveillants de baignade. Ugo a dit : « T'es super belle, petite sœur chérie, dans ce maillot rose, bien plus belle que la plupart de ces méduses étalées sur le sable. »

Lucas avait balancé sa tête de gauche à droite, en fermant à demi les yeux, comme s'il n'en revenait toujours pas.

– Elena lui a dit : « Casse-toi, Ugo. J'aimerais rester seule avec Lucas. »

– Bravo ! avait approuvé Porato.

– Oui. Sauf qu'Ugo est devenu encore plus tête de nœuds, papa. Je ne peux plus le supporter. Il s'est

éloigné avec les filles, en ricanant, puis il s'est retourné et a crié: «Tu devrais moins traîner avec le fils du gardien. On commence à parler, au Village, et papa déteste. Moi, pareil.»

Lucas s'était tu. Mais Porato l'avait encouragé à aller jusqu'à la fin du récit.

– Elena m'a retenu car je voulais décalquer ce connard prétentieux. Vu qu'il est aussi épais qu'une allumette, je n'aurais pas eu de mal. On a décidé de rentrer. Elle a pris la défense de son frère en me répétant qu'il avait vécu des années abominables, mais...

– Mais quoi, fils?

– Elle m'a avoué que les épreuves avaient tellement changé son frère qu'elle commençait à le détester et qu'elle n'en avait pas le droit parce qu'il avait besoin de son aide pour recommencer une vie normale. Elle a pleuré pendant une grande partie du retour.

Marc Porato ruminait tout ça en commençant sa journée de travail. Il attendait avec angoisse l'appel de Molax et celui-ci lui parvint plus rapidement qu'il ne pensait. Quand le portable vibra, en début d'après-midi, il pressentit aussitôt que c'était son ancien collègue et sa respiration s'accéléra.

– Marco?

– Si tu appelles mon numéro, qui répondra à ton avis?

– Du calme, vieux! Je me mets en quatre pour toi, alors merci pour l'accueil! J'ai tes renseignements. J'ai fait fissa, mais je n'aime pas beaucoup ce que j'ai trouvé. Dans quel merdier tu t'es mis?

– Accouche!

– Ton Thomas Savage est un marginal de vingt-deux ans, sans famille connue. Sa mère est effectivement décédée depuis quelques mois. Pas de père en vue, pas de cousins, d'oncles, de tantes, bref personne ayant un lien de parenté n'a réclamé le corps.

– Le corps?

Fred Molax ricana:

– J'aurais dû commencer par le début. Thomas Savage a été retrouvé assassiné dans une forêt, il y a environ six mois.

Molax fit une pause. Marc Porato avait l'impression que sa colonne vertébrale était coulée dans le béton.

– Tu es toujours là, Marco?

– Non, je suis parti aux Seychelles.

Sa minable plaisanterie lui avait demandé un énorme effort de volonté. Il n'avait trouvé que ça pour récupérer un peu de sang-froid.

– Ouais, je vois ! poursuivit le commissaire. Ton Savage ne devait même pas connaître l'existence des Seychelles. Il a eu une vie misérable, du moins à ce qu'on en devine, parce qu'on ne sait pas grand-chose. Le meurtre a eu lieu près de Bayonne et les collègues du coin ne se sont pas fatigués. Un zonard, probablement assassiné par un autre zonard, pas de quoi s'exciter. Thomas Savage a traîné pendant des années en Espagne, mais aussi dans divers pays d'Europe. Petits jobs, vols, arnaques, la manche et, au final, la prison en Espagne et aussi en Italie. Une vie ratée depuis la naissance. Une existence marquée par un total manque de veine. Même sa mort est misérable : deux coups de couteau donnés par un inconnu qui ne lui vole rien, ni ses affaires, ni ses quelques billets, ni sa carte d'identité. Que dalle. Un crime gratuit, peut-être le résultat d'une bagarre entre deux marginaux sous l'emprise de l'alcool ou de la drogue. La police de Bayonne a classé l'affaire au bout de deux mois car les Espagnols qui ont mis Savage en prison n'en savaient pas plus sur lui que ce que je viens de t'apprendre.

Fred Molax s'interrompit subitement. Porato lui accorda un temps de silence avant de le remercier.

– Tu ne veux pas m'en dire davantage, Marco? Si tu t'intéresses à un type assassiné au bord d'un chemin forestier, il y a une raison et j'aimerais la connaître.

Porato hésita. Tout dire. Un soulagement. Oui, mais dire quoi? Il allait se couvrir de ridicule. Ou déclencher quelque chose qu'il ne contrôlerait plus et aurait des conséquences redoutables. Il s'immisçait dans la vie d'Ugo Jeunet. Donc dans celle d'Elena. Celle de Lucas.

Parler était allumer une mèche en ignorant à quoi elle était fixée.

– Je te promets de t'expliquer, Fred, mais plus tard. C'est impossible, maintenant.

Marc Porato coupa la communication. Posa le portable qu'il considéra avec répugnance avant que son regard ne traverse la vitre et ne s'échappe sur ce qu'il découvrait du Village. Il cherchait la maison numéro 8. La maison d'Elena et d'Ugo. Ses lèvres s'animèrent, ne produisant d'abord que du silence, puis, peu à peu, les mots prirent de la consistance:

– Ugo est peut-être le marginal qui a assassiné Thomas Savage.

6

Elena retardait de plus en plus l'instant où elle devrait monter dans sa chambre et se coucher. Elle espérait, sans trop y croire, qu'Ugo s'endormirait avant elle, alors que son frère visionnait des films sur l'ordinateur que lui avait offert son père ou jouait à des jeux stupides et violents. En dépit du bruit qu'éjectait l'ordinateur, Ugo l'entendait monter l'escalier et passer devant sa porte. Il appelait :

– Entre cinq minutes, Elena !

La journée avait été morose. Pas de sortie avec Lucas.

– Ça t'ennuierait de rester de temps en temps à la maison ? avait déclaré son père, la dévisageant d'une façon qui signifiait : « Aujourd'hui, tu ne sors pas. »

– Pour quoi faire? avait cependant demandé Elena.

– Ta mère et ton frère apprécieraient.

Mensonge en ce qui concernait Manon. Elle désertait la maison dès que sa fille la désertait aussi. Ugo avait affiché un sourire charmeur:

– J'adorerais me baigner avec ma p'tite sœur quand je rentre du boulot.

Il s'agissait donc d'un complot père-fils qui n'aimaient ni l'un ni l'autre Lucas Porato.

– Porato, c'est un nom rital? avait suggéré Ugo.

Journée morose aussi parce qu'une sorte de tempête avait soufflé sur la région, emportant des morceaux de toits et cassant quelques arbres. Antoine Jeunet était dans une colère noire. La tempête lui semblait une injure personnelle. Pourquoi abîmer *son* Village? *ses* arbres? Une partie des propriétaires étant en vacances, il avait dû se débrouiller, avec l'aide de Marc Porato, pour faire face aux dégâts, aux pompiers en colère, qui avaient déclaré que l'accès aux habitations de *son* Village était mal conçu, et aux appels affolés des résidents qu'il fallait rassurer.

Mais, de toute façon, pensait Elena en consultant sa montre pour la énième fois, de plus en plus de journées étaient moroses, maintenant. Le bonheur qu'avait apporté le retour d'Ugo s'estompait, cédant la place à un agacement de plus en plus visible. Manon ne supportait pas la vulgarité de son vocabulaire et de certaines de ses attitudes. Elle détestait être seule à la maison avec son fils. Elle prenait sa voiture, disparaissait à Dijon, ou alors s'allongeait au bord de la piscine, un livre entre les mains, et ne bougeait plus. Elle avait demandé à Elena :

– Qu'est-ce que vous vous racontez, ton frère et toi?

– Rien, avait reconnu Elena. Enfin... pas grand-chose.

Manon avait soupiré :

– C'est étrange, mais moi non plus je ne sais pas de quoi parler. Notre principal sujet de conversation concerne les achats ou la résolution de problèmes matériels.

Elle avait regardé sa fille avec embarras. La déception étirait ses lèvres fines, d'un rose très pâle. Des taches rouges avaient coloré ses joues. Elena avait haussé les épaules :

– C'est normal. On ne doit pas évoquer le passé, soit six ans de vide, et Ugo n'habite avec nous que depuis deux mois à peine.

– Je n'aime pas ses fréquentations, avait conclu sa mère. Avoir souffert ne donne pas tous les droits.

Même son père s'autorisait maintenant quelques réflexions acides – mais jamais devant Ugo – alors qu'auparavant il fusillait sa femme du regard si elle osait froncer les sourcils quand son fils prononçait un mot grossier. Dix fois, il avait sermonné Manon :

– Notre fils a connu la prison et a eu une vie de chien. Ne lui faisons pas sentir que nous le rejetons parce que ses manières laissent à désirer et surtout pour une stupide histoire de langage.

Après le dîner de ce même soir, alors qu'Ugo avait filé dans sa chambre à peine la dernière bouchée avalée, Manon, tentant d'évacuer la tension d'une journée difficile, avait posé une question afin de détendre l'atmosphère :

– Malgré une partie de ton personnel en vacances, tu t'en sors, au bureau ?

Antoine, à son habitude, avait bougonné quelques mots tout en compulsant le programme de télévision, mais Manon, pourtant au courant des prouesses de son fils, avait insisté :

– Ugo t'aide un peu ? Gérer les conséquences de la tempête avec toi doit être formateur ?

Elle s'était mordu la lèvre. Trop tard. Antoine avait refermé *Télérama* et jeté la revue sur la table du salon.

Son regard de cobra s'était porté sur son épouse et dans ses yeux défilait une annonce limpide: «Mon Dieu, comment peut-on être aussi stupide?»

– Ugo ne fiche rien. Ça m'est égal. Pour le moment, je ne l'emploie pas pour ses talents.

Ses lèvres s'étaient écartées comme un élastique tendu à son maximum.

– Le problème est que, en dehors de la fainéantise acquise au cours de ces six années, notre fils utilise ses brefs passages dans mes bureaux pour draguer mes employées et ça... La rumeur commence à dresser de lui un portrait-robot qui m'inquiète. Il porte préjudice à mes affaires. C'est hors de question que ça continue. Je suis décidé à mettre les choses au point.

Sur quoi, alors que Manon cherchait comment défendre Ugo, il s'était propulsé hors de son fauteuil.

– Je monte travailler dans mon bureau, puis je m'occuperai de mes timbres. Ils me calment. J'en ai besoin.

Elena demeurait seule dans le salon. Manon avait fui peu après le départ de son mari:

– Je vais dans ma chambre. J'ai une ribambelle de coups de téléphone à donner.

«À qui? pensait Elena. À qui lui interdisant d'entendre?»

Elle consulta sa montre. Vingt-deux heures. Si elle téléphonait à Lucas, elle aussi? Il n'avait pas de portable, donc le risque était que ce soit son père qui décroche. Elle grimaça. Mauvaise idée. Elle marmonna à voix haute, comme si elle s'encourageait à entreprendre quelque chose de déplaisant:

– Bon, je monte.

Elena grimpa l'escalier pieds nus. Elle se sentait ridicule de se conduire comme une étrangère en visite chez des amis, obligée d'aller aux toilettes la nuit sans réveiller la maison.

Elle avait peur qu'Ugo ne l'entende. Peur d'entrer dans sa chambre, peur de refuser d'entrer, peur de l'écouter parler pour ne rien dire et peur qu'il ne dévoile au contraire des épisodes de son existence de marginal. Il avait failli le faire, trois jours auparavant:

– J'ai vécu des trucs dégueulasses, à vomir. Je te les raconterai un jour, à toi seule, si tu es d'accord.

Elle ne l'était pas et, en même temps, subissait l'hypnotisme de ces six années d'ombre et mourait d'envie de savoir.

Savoir et ne pas savoir.

La vie consistait à hésiter entre les deux. « Lucas m'aime ou ne songe-t-il qu'à passer de bonnes vacances auprès d'une jolie fille? Est-ce que je l'aime vraiment ou est-ce que j'utilise le seul beau garçon que je connaisse? »

Savoir ou ne pas savoir.

Elena se glissa devant la porte de la chambre de sa mère. Elle décida: « Je préfère ne pas savoir. » Après, venaient le bureau et la chambre de son père. Il n'en sortait aucun bruit. Au fond du couloir, la chambre d'Ugo, puis la sienne. Elle avança sur la pointe des pieds. Le dernier pas.

La porte s'ouvrit.

– Entre cinq minutes, p'tite sœur, j'ai des trucs à te raconter.

– Quels trucs? attaqua aussitôt Elena, pressée de regagner sa chambre.

Elle détestait être dans celle de son frère et pas seulement parce que ça sentait mauvais, une odeur de poussière et de transpiration mêlées. Elle lui avait demandé pourquoi il n'aérait jamais. Ugo lui avait cloué le bec d'une réponse à la sécheresse brutale:

– L'habitude de la taule.

Il ne rangeait pas non plus. Tout traînait. Vêtements propres ou sales – et la quantité d'habits achetés était ahurissante –, raquettes de tennis, DVD, revues sur le cinéma, la moto, le foot, les arts martiaux – n'importe quoi, pensait Elena, pourvu qu'il y ait des photos. Des revues avec des filles nues, surtout, mais elle se gardait de commenter. Madame Morla, qui faisait le ménage, n'avait accès à la chambre de son frère qu'après avoir obtenu l'autorisation, qu'il n'accordait que tous les dix jours environ.

– Pas de trucs particuliers, corrigea Ugo en dévoilant son sourire charmeur, celui qu'il réservait probablement aux nombreuses filles qu'il embarquait. Tu t'es barbée aujourd'hui, hein, sans ton Lucas?

L'ironie, presque agressive, remplaçait le charme.

– Pas du tout, mentit Elena. On se voit demain. Il m'emmène faire du bateau dans le Jura, au lac de Chalain.

– En scooter?

– Oui.

Ugo ricana:

– Avec ce truc pourri qui roule à soixante kilomètres à l'heure, vous en aurez pour la journée à vous taper les deux cents bornes aller-retour. Tu ferais mieux de rester à la maison. J'en ai marre du burlingue paternel, je m'accorde un jour de vacances.

Il rit, puis :

– Si tu en as tellement envie, je t'emmène en bagnole à Chalain. Je t'apprends à faire du ski nautique.

– Pourquoi tu détestes Lucas ? demanda Elena.

– Assieds-toi sur le pieu, tu me fatigues à rester debout comme si tu étais pressée de t'en aller.

Ugo se laissa tomber sur le fauteuil pivotant installé derrière le nouvel ordinateur, lui-même déposé sur la nouvelle table-bureau en verre. Elena prit place au bord du lit.

– Ton copain... tu aurais pu choisir un mec un peu mieux. Le fils d'un ex-flic, gardien du Village, ça la fout mal. Bon, d'accord, il est bien foutu, beau gosse, et vous, les filles, évidemment, vous craquez sans réfléchir...

– Des fois, je te trouve très con, Ugo, riposta Elena. Je ne te le dis pas, parce que...

Elle se tut. « Parce que tu en as bavé, donc on te pardonne tout, tellement on a la trouille que tu te barres à nouveau. » Elle ne le dirait jamais.

Son frère éclata de rire et applaudit :

– J'adore les filles rebelles ! Je préfère ça à la petite

fille si polie et obéissante qui baisse la tête devant maman et papa.

Elena se sentait oppressée. Une chaleur insupportable régnait dans la chambre qu'elle reconnaissait à peine. Elle avait l'impression d'être ailleurs que chez elle. Ugo la rappela à l'ordre :

– Tu dors ou quoi? Je t'ai posé une question!

Elena s'ébroua et rougit. Le bref mouvement de tête lui fit apercevoir deux clubs de golf posés entre une armoire et un mur.

– Tu me demandais quoi?

– Qu'est devenue Irma? Puisqu'on parle de nos amours, enfin des tiens, surtout...

– Irma?

Soudain, Elena se souvint. Irma Cole, la fille qu'Ugo avait plus ou moins approchée l'année de ses seize ans. Antoine l'avait poussé vers elle :

– Elle a un swing parfait! Tu devrais jouer avec elle. Cette fille a un index de moins deux. À son âge, bravo!

Ugo se souvenait de son « ex-petite amie ». Qu'il en parle détendit Elena.

– Ta copine a déménagé il y a trois ans. Ses parents se sont installés à Évian, à cause du somptueux parcours de golf. Irma est devenue une super joueuse qui remporte de grandes compétitions. Elle a gagné l'« Évian Master » et le tournoi de La Baule.

– Je m'en tape ! coupa Ugo. Elle n'habite donc plus dans le coin ?

– Tu es déçu ? Tu comptais la revoir ?

Son frère frappa son poing droit contre la paume de sa main gauche :

– Sûrement pas ! Le golf, hein, terminé à jamais !

Elena remarqua le soulagement de son frère. Qu'Irma Cole ne traîne plus dans les parages était une bonne nouvelle. Elle apprécia sa réaction. Elle avait toujours détesté Irma qui se la jouait « immense championne qui fera du chemin ». Elle bascula sur le lit, s'y allongeant, afin de montrer les clubs :

– Tu dis « le golf, terminé à jamais » et tu as demandé à papa de vendre ton matériel. Et ces clubs, alors ?

– Bof ! Ils étaient sous le lit. Je les garde en souvenir et pour la déco, ça fait classe.

Mensonge. Après sa fugue, Manon avait nettoyé la pièce de fond en comble, et Elena y était entrée assez souvent pour être certaine qu'elle ne contenait pas le moindre matériel de golf.

– Tu as conservé quels fers ?

– Comment ça, quels fers?

– Les numéros des clubs? Je parierais sur le 5 et le pitch, tes préférés.

– On s'en fout du golf! s'irrita Ugo. Putain, vous n'avez que ce mot à la bouche dans cette baraque! Ça me gonfle un max!

Elena ressentit une nouvelle contraction douloureuse au creux de la poitrine. Son frère piquait une colère, ce que la famille redoutait le plus. Elle pensa s'en aller, dit «Bon, j'ai sommeil», mais, avant qu'elle n'ait bougé, Ugo se jeta hors du fauteuil et s'approcha du lit. Il était debout devant elle, touchant presque ses genoux, si bien que, pour partir, elle devait basculer de l'autre côté. Une façon claire de montrer qu'elle l'évitait, donc d'aggraver son énervement. Ugo, d'un mouvement du menton, désigna la porte de la chambre:

– Papa est dans son bureau, en train de tripoter ses timbres? Parfois, je me dis qu'il aime mieux ses timbres que ses enfants.

Elle sourit. Le sujet «timbres» lui convenait.

– Les timbres ne lui résistent pas, dit Elena, ses lèvres ondulant comme si elle refoulait des larmes. Il les manie avec ses petites pinces, les déplace, leur parle gentiment. En plus, ils ont de la valeur, une fois pour toutes, pas comme...

Elle se retint, mais son frère dévoila sa pensée :

– Pas comme nous, hein, p'tite sœur ? On doit se montrer chaque jour impeccables, selon les désirs de papa. Pas droit à la moindre faiblesse, hein ? Tu sais qu'il a refusé de me dire où il planquait son timbre « j'ai gagné au Loto », le heu... j'oublie toujours ce nom à la con.

– « Inverted Jenny », dit Elena.

– Tu ne me dis pas non plus où il le cache, pourtant je te l'ai demandé plusieurs fois. Ça te fait marrer. Désolé d'avoir oublié toutes vos idioties de secrets en six ans.

Ugo donna un coup de genou dans celui de sa sœur.

– Aïe ! Tu m'as fait mal !

– Arrête, pleurnicharde ! Votre cinéma ne m'amuse plus. On dirait que papa et toi avez la trouille que je pique le timbre. Merci, la famille !

– Tu le ferais ? suggéra Elena, ses yeux s'éclaircissant comme si elle plaisantait, ce qui n'était pas le cas.

– J'en ai rien à foutre de son timbre !

Ugo rit en agitant ses bras en pistons.

– De toute façon, il sera à moi. Toi, tu es prévenue, que dalle! Pourquoi je le faucherais? D'ailleurs, ce ne serait même pas un vol puisqu'il m'est destiné. N'empêche que vos cachotteries me pompent l'air.

Elena replia ses jambes en chien de fusil, sur le lit, afin de se mettre hors de portée des genoux de son frère. Le mouvement releva son tee-shirt au-dessus du nombril et retroussa légèrement sa jupe courte.

– Il ne s'agit pas de cachotteries, mais d'un jeu. Papa et moi sommes certains que la mémoire te reviendra. L'indice qu'on te donne est tellement fort: la cachette est un endroit que tu détestes.

Elle se força à rire en constatant l'air furieux de son frère. Il s'agenouilla sur le lit, dominant ainsi sa sœur, et utilisa le matelas comme un trampoline.

– Maintenant, tu me dis où papa planque l'«Inverted Jenny». Je te le demande pour la dernière fois, sinon je t'étrangle.

– Arrête, Ugo, tu me fiches mal au cœur.

Le balancement cessa aussitôt. Ugo s'étendit sur le dos, les bras en croix. Sa voix se fit sourde, lointaine, comme si parler l'épuisait:

– J'ai oublié plein de trucs et je n'y peux rien. Ma mémoire est criblée de trous, mais j'aurais voulu vous y voir, tous les trois, si donneurs de leçons. Quand on en bave, c'est comme si la douleur détruisait petit à petit les cellules de ton cerveau. Il arrive un moment où tu n'es plus que deux jambes qui marchent et une bouche qui avale des aliments, et tu ne sais même pas pourquoi tu continues à marcher et à manger.

Un silence accablant suivit l'aveu d'Ugo. Chacun d'eux, conscient d'être au bord d'un précipice, suivait ses propres pensées. Elena n'osait plus s'en aller.

Le dîner d'anniversaire de son frère, deux jours auparavant. Pour la circonstance, Noémie, la sœur de Manon, était venue de Norvège, entraînant avec elle Sigrund, son jovial mari, et leurs deux insupportables garçons de dix et onze ans. Le premier anniversaire depuis six ans. Ugo avait joué la surprise, comme s'il ne s'attendait à aucune fête, quand Antoine l'avait questionné, une semaine plus tôt.

– Pour ton anniversaire, mardi prochain, tu aimerais quel cadeau ?

Ugo, décontenancé, avait froncé les sourcils. Elena s'était dit qu'il aurait un mal fou à trouver une idée de cadeau. Il en était submergé, depuis son retour. Leurs parents semblaient éprouver une joie sans bornes à combler ses moindres désirs.

– Ce que vous voulez, avait finalement répondu Ugo. Il avait aussitôt changé de conversation, comme si la perspective d'une fête d'anniversaire l'horripilait.

En tout cas, ce soir-là, le nombre de paquets dispersés autour de lui atteignait le ridicule. Les Norvégiens s'étaient surpassés en dévalisant les magasins d'Oslo.

– Nous sommes tellement heureux de te revoir, bredouillait Noémie en dévisageant Ugo comme s'il débarquait de la planète Mars.

Sigrund, lui, concluait l'ouverture de chaque paquet d'un unique commentaire :

– On ne trouve ça qu'en Norvège.

Elena retenait son rire. D'abord, parce que les réflexions de son oncle montraient que Sigrund confondait la France avec un pays du tiers-monde dépourvu de tout. Ensuite, l'enthousiasme de Noémie à revoir son neveu était comique : elle avait complètement ignoré la famille Jeunet depuis son départ en Norvège quinze ans auparavant.

Elena s'était contentée d'un modeste cadeau. Il toucherait Ugo. Elle le lui avait tendu d'une main tremblante. Il avait déchiré l'emballage, lu ce qu'il avait sous les yeux :

– Alain Bashung. « Bleu Pétrole ».

Puis, levant la tête :

– C'est de la bonne musique, ça ?

Les larmes d'Elena s'étaient amassées derrière ses paupières.

– C'est le dernier album de Bashung, tu sais...

Elle s'apprêtait à dire : « Tu aimais beaucoup Bashung, tu l'écoutais sans cesse », mais Ugo avait posé le CD sur une table en disant :

– J'ai un peu oublié Bashung. Une musique de vieux, non ? Je l'écouterai et je te donnerai mon avis, p'tite sœur.

Il s'était empressé de défaire d'autres paquets plus volumineux. Elena s'était précipitée aux toilettes, avant que le barrage retenant ses larmes ne cède en public.

Le lit tangua à nouveau. Ugo se couchait sur le côté. Il souleva la tête et la soutint de sa main droite. Elena se dit qu'elle pouvait maintenant regagner sa chambre. Lire, puis s'endormir en rêvant de la journée du lendemain. Lucas. La balade en scooter. Ce lac du Jura loin de Fort Boyard. Elle sentit le regard de son frère peser sur elle. Elle en suivit la direction. Il léchait son ventre nu, le nombril découvert.

– Tu trouves ma peau trop blanche? fit Elena. C'est moche d'être blonde, je ne bronze pas. Toi si, un peu quand même.

Son frère ne répondit pas. Son regard dériva. Les jambes d'Elena, ses cuisses. Il s'infiltra sous la jupe à peine retroussée. L'estomac d'Elena se contracta. Elle tressaillit.

– T'es vachement belle, p'tite sœur, dit Ugo. Tu es la plus belle fille que je connaisse.

Elena rabattit sa jupe. Elle n'eut pas le temps d'en faire autant pour le tee-shirt. Son frère avança la main, la posa sur son ventre.

– Je peux te caresser?

Le sang reflua du visage d'Elena. Elle se redressa et se propulsa d'un coup de reins hors du lit.

– Non, mais ça ne va pas la tête!

Elle se dirigea vers la porte. Ugo éclata de rire:

– Oh, là, là! je rigole! Si on ne peut même plus plaisanter avec sa frangine! Je parie que tu es moins coincée avec Lucas Porato.

Elena quitta la chambre et referma la porte. Son cœur battait vite. À lui faire mal.

7

Marc Porato dormait de plus en plus mal. L'information qu'il détenait nourrissait ses insomnies et sa culpabilité. Il la gardait pour lui mais se demandait sans cesse quelles conséquences aurait son silence.

Son travail en souffrait. Il jetait à peine un coup d'œil à qui entrait ou sortait de Fort Boyard et, de plus en plus souvent, abandonnait sa guérite pour des promenades entre les maisons du Village.

– Monsieur Porato, avait constaté Antoine Jeunet, lors d'un de ses passages, ça fait trois fois aujourd'hui que je remarque votre absence. Plusieurs résidents me disent la même chose. Hubert Maglos, hier, a dû poireauter devant la barrière parce qu'il avait oublié le nouveau code. Vous avez un problème?

C'était deux jours auparavant. Porato, engoncé dans le brouillard cotonneux de ses sombres pensées dues à sa mauvaise nuit, avait shooté dans un caillou, l'expédiant sur l'aile de la Cherokee.

– J'ai des tonnes de problèmes et je me fiche que les résidents râlent.

– Quoi? s'était étranglé le boss, alors que sa tête hors de la portière essayait de repérer l'impact du caillou sur la voiture.

– Trouvez quelqu'un pour me remplacer dès le mois prochain, monsieur Jeunet. Je quitte mon travail de gardien.

Il avait réintégré la guérite. Jeunet avait mis un temps fou à refermer la vitre de la Jeep et davantage de temps encore pour enclencher la première et se décider à partir.

Ce matin-là, Marc Porato leva la barrière et en bloqua le mécanisme. Il ouvrit le registre des entrées et sorties, à la date du jour, encore vierge alors qu'il y avait eu plusieurs mouvements de véhicules. Un dessin figurait pourtant en haut de la page gauche. Un scooter minuscule transportant Lucas et Elena.

Bien sûr, personne n'aurait pu reconnaître un scooter et encore moins le couple dans ce dessin d'école maternelle, mais quatre autres pages présentaient ce même dessin. Sous le premier, Porato avait griffonné : *Les gosses partent dans le Jura, au lac de Chalain*. Ils y allaient tous les jours, fuyant le bunker.

– Pendant les vacances, c'est pire qu'un cimetière en hiver, avait dit Lucas. À Chalain, il y a du soleil, du bruit sur la plage, des gens qui crient, rient.

– Et surtout, il n'y a pas Ugo, était intervenu son père.

Porato décapuchonna le superbe stylo Waterman que lui avait offert Julia à l'époque où ils se faisaient encore des cadeaux. Il écrivit en gros :

Thomas Savage assassiné près de Bayonne.

L'assassin est un marginal. Jeune. Un « copain » ?

Thomas Savage a été emprisonné à Barcelone, en Espagne.

Thomas Savage a vécu à Bayonne.

Le meurtre remonte à six mois.

Marc Porato tira un trait sous les cinq lignes et recommença à écrire. Des lettres encore plus grosses.

Ugo Jeunet a été emprisonné à Barcelone, en Espagne.

Ugo Jeunet a vécu à Bayonne.

Ugo Jeunet était un marginal.

Ugo Jeunet est au Village depuis deux mois.

Porato tira un nouveau trait, mais il procéda avec lenteur, comme s'il retenait les mots qu'il allait inscrire en dessous :

Ugo Jeunet a connu Thomas Savage ?

Ugo Jeunet interrompt sa fugue après le meurtre de Thomas Savage.

Ugo Jeunet détient le sac de Thomas Savage ?

Le sac de Thomas Savage contient une lettre de sa mère.

Ugo Jeunet a assassiné Thomas Savage ?

Marc Porato était en nage. Il referma brutalement le registre, mit sa tête entre ses mains et gronda :

– Quel merdier !

Il savait ce qu'il devait faire. Demain. Il agirait demain. Il attendrait le retour de Lucas et lui parlerait avant de se décider. Avertir son fils et, à un moment ou à un autre, parler aussi à Elena.

Marc Porato repoussa le registre. Il considéra son double dans la vitre ensoleillée de la guérite et lui dit :

– Tu aurais mieux fait de rester chômeur que d'accepter ce boulot à Fort Boyard.

Les événements s'accélérèrent, ce que tout flic en fonction apprécie, mais Porato n'était plus flic en fonction et même plus gardien de Fort Boyard, puisque le boss rentra tôt du travail et lui apprit qu'il avait déjà trouvé son remplaçant. Antoine Jeunet fit franchir la barrière à la Jeep Cherokee couverte de boue, descendit du véhicule d'un bond et s'approcha de la guérite de sa démarche élastique d'homme pressé.

– Vous rentrez tôt, aujourd'hui, monsieur Jeunet.

Le boss haussa les épaules :

– J'ai essuyé un gros orage sur un nouveau chantier.

Il désigna vaguement la voiture sale, puis, sans transition :

– J'ai embauché un nouveau gardien. Il commence la semaine prochaine. Vous libérerez donc la maison dans six jours.

– Mais... commença Porato.

En vain. Le boss faisait demi-tour et ouvrait la portière de la Jeep. Il se retourna :

– J'aime que les choses aillent vite, Porato. Ce n'est pas moi qui vous chasse, mais vous qui partez et d'une façon plutôt cavalière. Néanmoins, j'ai été satisfait de votre travail et vous obtiendrez une prime équivalente à deux mois de salaire. Bonne chance.

La voiture démarra, laissant Porato stupéfait. Le boss ne lui avait posé aucune question et n'avait pas essayé de le retenir. Il murmura :

– Pas de sentiment, hein, mon salaud ? Je n'étais qu'un objet qu'on remplace.

La surprise et la colère éteintes, il éclata d'un gros rire et lança, en direction de la Cherokee invisible :

– Voilà, c'est fait ! *Adios* Fort Boyard, bonjour Marc Porato, détective privé !

L'impression de joyeuse liberté ne subsista que quelques minutes. Il eut la mauvaise idée d'ouvrir le registre : les noms entrecroisés de Thomas Savage et d'Ugo Jeunet lui brûlèrent les yeux. Puis le scooter de son fils apparut à l'extrémité du chemin. Marc Porato referma le registre et sortit. Un pincement picora le creux de sa poitrine. Pourquoi Elena et Lucas rentraient-ils si tôt ? Des ennuis ? Pourtant, il joua la carte de l'optimisme en les accueillant avec un grand sourire et une plaisanterie à deux balles :

– Alors, les gamins, on est las du bronzage au milieu du peuple et on revient s'abriter à Fort Boyard ?

Lucas coupa le moteur. Elena descendit. Lucas béquilla le scooter. Ils retirèrent leurs casques.

– Ouais, dit Lucas, la mine sombre.

Elena secoua la tête afin de démêler ses cheveux. Pas le moindre sourire.

– Vous vous êtes disputés? demanda Porato.

Elena fit une grimace:

– Non. C'est mon frère.

Le peu de bonne humeur que conservait Porato se désintégra aussitôt:

– Ton frère? Qu'est-ce qu'il a fait?

Lucas, de son bras gauche, entoura la taille d'Elena. La jeune fille se blottit contre le garçon.

– Papa, Ugo était aussi à Chalain.

Le soulagement détendit les muscles de Porato. Ce n'était que ça? Le frère troublant le tête-à-tête des amoureux? Pas de quoi fouetter un chat. Il s'avança, récupéra les deux casques.

– Hé, les gamins, où avez-vous vu qu'on peut se croire sur une île déserte au bord d'un lac?

Il emporta les casques pour les ranger dans la guérite, mais la voix de son fils l'immobilisa:

– C'est pas ça, papa. Elena, raconte.

Elle s'écarta de Lucas et parla sans vraiment regarder Porato:

– Ugo n'était pas à Chalain aujourd'hui seulement. Il vient pour la troisième fois.

– Bon, et alors?

– Papa, il nous surveille, dit Lucas.

Marc Porato essaya de ricaner :

– Il surveille les fréquentations de sa sœur. Il faut le comprendre : la fille du patron et le fils du gardien !

Elena fit les trois pas qui la séparaient de Porato. Elle lui toucha à peine le bras et prononça son prénom pour la première fois :

– Marc, ce n'est pas ce que Lucas veut dire, pas cette surveillance-là. Le premier jour, Ugo était en haut de la falaise. Il nous surveillait avec des jumelles. Il ne s'est pas rendu compte qu'on l'avait vu. Le lendemain, il s'est installé sur la plage, à une vingtaine de mètres de nos serviettes. Il nous a adressé un signe et, quand Lucas lui a proposé de nous rejoindre...

Elle se retourna vers Lucas, qui prit le relais :

– Il m'a dit : « Tire-toi de mon soleil ! » et il est parti. Aujourd'hui, il nous a suivis partout où nous allions, restant à une dizaine de mètres. À dix mètres sur la plage, à dix mètres dans l'eau, à dix mètres au restaurant du camping, et tout ce cirque sans prononcer un mot. Je l'ai menacé de lui péter la gueule...

– C'est malin ! coupa Porato.

Elena effleura encore le bras de Porato et dit, en le fixant dans les yeux :

– Ugo a répliqué : « Bonne idée, Lucas. Touche-moi, et ton père est chômeur demain. » C'est un sale con, Marc.

Elle avait prononcé l'injure d'une voix morne, dépourvue de colère. Un constat.

– Parfait, dit Marc Porato. Je suis chômeur. J'ai donné ma démission à ton père aujourd'hui.

Elena posa sa main sur l'épaule de Porato. Et délaissa le prénom :

– Je crois que vous ne comprenez pas ce que nous essayons de vous expliquer, monsieur Porato : mon frère est jaloux de Lucas.

Elle s'éloigna de trois pas. Quelques larmes glissèrent sur ses joues très pâles. Elle murmura : « J'en ai marre », et vint se réfugier entre les bras de Lucas. Porato demeura sans voix, les casques au bout des mains, observant comme un idiot son fils et son amie s'étreignant et s'embrassant. Pendant un temps, il oublia les paroles d'Elena, profitant du seul bonheur de voir Lucas aimer la jeune fille. Une sensation qu'il avait oubliée depuis six ans, et voilà qu'il crevait d'envie de serrer à nouveau une femme contre lui.

– Je rentre, annonça Elena.

Elle adressa un signe de la main à Porato :

– Je reviendrai ce soir. Je serai en meilleure forme.

Ils la suivirent du regard jusqu'à ce qu'elle disparaisse au tournant du chemin.

– Papa, si tu es d'accord, Elena et moi irons danser ce soir au *Cri-Cri Bar*, à Sponge. Ils organisent une soirée spéciale tango-slow. Il n'y aura que des vieux, ça risque d'être marrant.

– Entre, fils. J'ai quelque chose à te dire avant le *Cri-Cri Bar*. J'ai l'impression que le récit du vieux que je suis sans doute, selon tes critères, t'amusera moins que le tango.

Marc Porato se demandait comment annoncer ce qu'il savait. Lucas était assis dans un des fauteuils en osier du salon, ou plutôt vautré, ainsi qu'il en avait l'habitude, les pieds posés sur la table basse. Lui était debout, le dos appuyé au mur. C'était comme s'il s'apprêtait à faire un compte rendu d'enquête, situation banale pour un ancien policier, sauf que son fils l'écouterait et non un collègue. En outre, Lucas était maintenant « impliqué » dans cette histoire. La conclusion à laquelle il parvenait serait terrifiante pour

Elena. Que résulterait-il de tout ça? Que s'apprêtait-il à détruire? Soudain, Marc Porato estima qu'il faisait fausse route. Il valait mieux se taire. Mais son fils prit les devants:

– Papa, tu l'accouches, ta révélation du siècle! J'ai aussi un truc à te raconter après et ça presse.

Porato plaqua ses mains au mur et s'offrit une profonde respiration avant de se lancer:

– Il y a quelques jours, j'ai trouvé une lettre dans le sac de sport d'Ugo pendant qu'il jouait au tennis.

Il renifla, grimaça:

– Je l'ai lue. D'accord, on peut me le reprocher, mais j'ai agi sans réfléchir, un réflexe de flic et...

– Laisse tomber tes scrupules, papa, et raconte.

– La lettre n'était pas adressée à Ugo Jeunet, mais à un certain Thomas Savage. Sa mère lui écrivait. Elle se plaignait d'un manque de visites de la part de son fils.

Lucas s'étira. Fit:

– Ouais, et alors?

– Thomas, d'après cette lettre, semblait être une sorte de marginal. Il a vécu en Espagne, y a fait de la prison, à Barcelone. À sa sortie, il est venu s'installer en France, à Bayonne.

– Merde ! s'exclama Lucas.

Il regroupa ses jambes, s'installa correctement dans le fauteuil, le buste un peu penché vers son père.

– Tu comprends où je veux en venir, dit Marc Porato. Ugo en prison en Espagne, etc. Ces deux-là se sont probablement rencontrés et fréquentés, car leurs trajectoires sont parallèles, trop parallèles pour que... D'ailleurs, qu'Ugo ait cette lettre le prouve, mais il y a un os, un sacré os pas facile à avaler, fils...

Il laissa le silence s'installer, attendant la question logique de Lucas. Pourtant, celui-ci fronça les sourcils et fourragea dans ses cheveux, semblant ne pas vouloir s'arrêter, si bien que l'attente se fit exaspérante.

– Tu ne dis rien?

– Je réfléchis, papa, répondit Lucas, d'une voix distraite.

– Fais-le à haute voix, fils.

– C'est quoi, l'os difficile à avaler?

– Thomas Savage a été assassiné près de Bayonne de plusieurs coups de couteau donnés par un marginal. Le meurtre date d'il y a six mois. Ugo Jeunet réapparaît il y a deux mois, sa fugue terminée, comme si... comme si Le Village offrait un refuge idéal.

Porato se racla la gorge, puis décolla son dos douloureux du mur. Il s'éloigna de quelques pas, ce qui l'empêcha d'entendre le hoquet apeuré que son fils étouffait de sa main posée sur sa bouche.

– Lucas, je ne peux pas m'empêcher d'imaginer qu'Ugo Jeunet est peut-être le marginal coupable de ce meurtre. Il a récupéré le sac de sport, d'où la présence de cette lettre qui ne lui est pas adressée.

La voix de Porato faiblit :

– Comment dire ça à Elena ? À ses parents ? Mon hypothèse est si atroce... Le dire n'est possible que si je suis certain, or je ne le suis pas. Je vais demander l'aide de Fred Molax mais, avant de me lancer, je voulais ton avis. De toute façon, quel que soit le scénario envisagé, on débouche sur un sale truc entre Savage et Ugo, et ce sale truc explique probablement pourquoi le fils Jeunet est si peu loquace sur ces six années de disparition.

Marc Porato était maintenant dans la salle de séjour. Assis sur la table. Il se rendit compte que le silence de Lucas était anormal. Que son attitude était anormale. La tête de son fils était enfouie entre ses mains et son dos voûté se penchait vers le sol. On aurait dit un vieillard découragé.

– Ça fout un coup, je sais, et je m'en veux d'avoir lu cette lettre, mais d'un autre côté...

– Papa ! coupa Lucas.

Son dos s'était redressé comme un ressort qui se détend. Lucas fixa son père :

– À ton tour de m'écouter, papa. Un sale truc, oui, tu ne crois pas si bien dire.

Lucas recommença à ratisser ses cheveux, des deux mains cette fois. Il semblait mettre de l'ordre dans ses propos, avant de se lancer. Marc Porato patienta.

– Elena n'est pas au courant, reprit Lucas. Je ne lui ai pas dit ce qui va suivre parce qu'elle me raconte tellement de choses bizarres sur son frère... Je... je n'ai pas voulu lui foutre davantage la trouille.

Porato enfonça ses mains sous ses cuisses. Une façon de contenir son impatience et de cacher sa nervosité. Son fils bougea la tête de gauche à droite, longtemps, en bredouillant :

– J'y comprends rien.

Porato explosa :

– Vide ton sac ! À deux, on aura des chances d'être moins crétins !

– Monsieur Bollard, tu sais, le notaire retraité...

– Ouais, figure-toi que je connais Bollard !

– Elena lui a dit que nous allions dans le Jura. Il nous a demandé de lui rendre un service. Dimanche dernier, il a participé à une compète de golf à Lons-le-Saunier, sur le parcours du Val-de-Sorne, et il a oublié là-bas son driver. Il nous a demandé de passer au club-house et de le lui rapporter.

– Alors?

– Ben, on a accepté. C'était pas de la tarte de trimballer un driver en scooter, mais Elena disait: «Bollard est super gentil.»

– Ouais, bon, vous rapportez le driver au notaire.

– Ben non, papa. Tu as bien vu qu'on ne l'avait pas.

– Exact.

– Elena est restée sur le parking du Val-de-Sorne, près du scoot. Moi, je suis entré, mais personne ne savait où Bollard avait laissé son club. Bref, pendant qu'ils cherchaient, je suis allé jusqu'au practice.

Marc Porato se figea. La voix de Lucas prenait des accents métalliques. C'était signe d'angoisse, chez lui. Porato pressentit une catastrophe.

– J'y comprends rien, répéta Lucas. Ugo était au practice, sur un tapis, avec un seau de balles. Il ne m'a pas vu. Je suis resté en arrière, planqué par la machine qui distribue les balles.

– Ugo s'est remis au golf? s'écria Porato. Alors là, fils, tu as raison, c'est à ne rien comprendre!

– C'est pas ça, papa.

– Quoi, c'est pas ça?

– Papa, à seize ans, Ugo avait un super index. Il était un super joueur, même s'il détestait ce sport. Sur le practice du Val-de-Sorne, il tapait ses balles...

Lucas marqua une pause et inspira profondément avant de poursuivre:

– Papa, Ugo jouait comme une patate. Il ne frappait pas une seule balle correctement. Même un môme de dix ans aurait fait mieux. Il s'escrimait, braillait, jurait sans se soucier de deux autres personnes qui vidaient leur seau un peu plus loin.

Marc Porato avait l'impression que son corps était enfermé dans un corset de plâtre. Sa respiration se ralentit.

– Papa, dit son fils, le mec que je regardais n'avait jamais joué au golf de sa vie. Il apprenait. Papa...

Lucas s'extirpa du fauteuil. Son père dévissa ses fesses de la table. Ils s'approchèrent l'un de l'autre.

– Papa, reprit Lucas, je ne l'ai pas dit à Elena, mais ce n'était pas Ugo qui s'entraînait au practice.

8

L'ambiance du *Cri-Cri Bar* plut immédiatement à Elena et à Lucas. C'était le genre d'endroit dont ils ignoraient jusqu'à l'existence et l'exact contraire de ce qu'ils pensaient aimer. Une longue salle décorée de miroirs les attendait à l'arrière du café : parquet ciré et estrade peuplée de trois musiciens. Accordéon, saxophone, batterie. Des couples âgés tournaient sur la piste. Ils portaient des vêtements que Lucas trouva affreusement ringards, mais Elena n'était pas d'accord :

– Ils sont magnifiques ! C'est nous qui avons l'air idiots.

Tous les deux étaient en jean, tee-shirt et baskets.

Ni tables ni sièges. L'endroit n'était livré qu'aux

danseurs ou aux spectateurs. Pour s'asseoir ou consommer, il fallait se rendre dans la partie bistrot.

– Hé, les gamins, vous savez où vous êtes? avait ricané le type qui délivrait les billets d'entrée. Ici, on danse le tango, le slow, le paso, la java. Vous n'avez jamais entendu ces mots, je parie?

– On est des pros! avait répliqué Lucas.

Ils observèrent les couples. Tous dansaient à la perfection. Le bonheur d'être ensemble et de danser illuminait les visages. Lucas souffla dans l'oreille d'Elena:

– On dirait qu'ils sont amoureux de leur partenaire. C'est quand même dingue, ils sont au bord de la tombe et leur corps crie l'amour de la vie.

Elena émit un discret sifflement:

– Un vrai poète quand tu veux!

– On ne saura jamais danser ces machins. Mate le gros, devant.

Une femme, vêtue d'une somptueuse robe rouge sang, tournoyait entre les bras d'un homme au ventre impressionnant, pourtant capable de se plier comme du caoutchouc.

– Mais si, on saura, dit Elena. On n'est pas obligés d'en faire des tonnes. Tu me serres contre toi et voilà.

– La prochaine, on se lance, décida Lucas.

La musique et le spectacle le détendaient un peu. Il essayait d'oublier la conversation qu'il avait eue avec son père et, surtout, sa conclusion :

– Tu te rends compte de ce que tu dis? Si Ugo n'est pas Ugo – et ce n'est pas Ugo s'il ignore tout du golf –, il est Thomas Savage. La lettre dans le sac s'explique, dans ce cas.

– Mais c'est impossible, papa! Sa famille... Elena... s'en seraient aperçus! On ne prend pas l'identité d'un autre comme ça, sans que les proches au moins...

– Et si Ugo est Thomas Savage, alors le jeune homme assassiné dans une forêt, près de Bayonne, pourrait être...

Son père n'avait pas prononcé le nom. Lucas en avait profité pour nier encore une fois l'évidence et se buter toujours au même mur d'incompréhension : le jeune homme qui jouait au golf n'était pas Ugo Jeunet, mais pourtant il devait être Ugo Jeunet.

– Papa, je te dis que c'est impossible. Elena n'est pas idiote.

Il en revenait toujours à Elena. À ce qu'il devrait lui dire.

– Lucas...

Son père malaxait sa main gauche.

– Si, Lucas, c'est possible. Dans la police, on apprend vite que tout est possible en matière de criminalité.

– Papa, laisse tomber tes histoires de flics, ce n'est pas le moment.

– Écoute quand même celle-ci. La presse en a beaucoup parlé. Un dénommé Frédéric Bourdin commence à emprunter de fausses identités à l'âge de seize ans. Il se balade dans une douzaine de pays en utilisant cinq cents identités différentes. Mais l'incroyable... l'impossible, comme tu dis, se passe aux États-Unis. À vingt-trois ans, il se fait passer pour Nicolas Barclay, un jeune homme de quinze ans disparu depuis trois ans. Il s'installe dans la famille Barclay, qui le reconnaît, *et y vit cinq mois avant que l'énormité ne soit découverte. Après six ans de prison, il recommence le même coup près de Grenoble : il a vingt-neuf ans et se fait passer pour un adolescent disparu. Les gendarmes du coin le croient pendant plusieurs jours, jusqu'à ce que l'ADN prouve la supercherie. Tu vois, Lucas, l'incroyable est possible.*

Son père s'était tu. Aucun commentaire n'était utile. Ils méditaient les conséquences de leur « découverte ». Puis, après d'interminables secondes, chacun d'eux avait livré sa conclusion :

– Demain, je demande l'aide de Molax et du SRPJ de Dijon. On saura vite maintenant ce qu'il en est.

– Et moi, je parle à Elena dès que tu as quelque chose de solide venu de la police.

Elena invita Lucas à danser. Un tango. Ils ignoraient que c'était un tango, mais l'accordéoniste l'annonça avec enthousiasme :

– « La Cumparsita » ! Un tango pareil ne se dédaigne pas ! Je veux voir tout le monde en piste ! Allez, que du bonheur, mes amis !

Elena prit la main de Lucas et dit :

– Viens, on va les épater !

Il se laissa faire, sans conviction :

– On aura l'air nuls.

– Mais non ! Ils se fichent de la façon dont tu danses. Ils ne pensent qu'à eux.

Ce fut en grande partie vrai. Elena ne compliqua pas leur démonstration. Elle se contenta de se blottir entre les bras de Lucas et ce qu'ils dansèrent ne ressemblait sûrement pas à un tango. Leurs corps vibraient à l'unisson. Toutes les parcelles de leur chair entraient en communion. Lucas murmura dans les cheveux d'Elena un « je t'aime », qu'elle n'entendit pas, mais ça n'avait aucune importance.

Après, il y eut deux slows, une valse, puis un autre tango. Ils dansèrent tout de la même façon, leurs corps en fusion. Un couple leur lança : « Bravo, les jeunes ! » Un autre leur adressa des clins d'œil. Pendant le second tango, Elena fit presque une demande en mariage à Lucas :

– Plus tard, nous vivrons hors du Village, le plus loin possible. Tu me le promets ?

Lucas ne promit rien. Ugo entrait dans la salle. Elena le vit aussi. Le regard du jeune homme fouilla le dancing. L'orchestre cessa de jouer. Les couples se défirent, certains danseurs se dirigeant vers la partie café afin de se désaltérer, d'autres se regroupant sur les côtés de la piste. Peu de monde demeurait sur le parquet.

– Il nous cherche, constata Elena.

– Il commence à me gonfler à fond ! gronda Lucas.

C'est alors que leurs trois regards se croisèrent dans un des miroirs. Ugo agita un bras et les héla :

– Fantastique, vous êtes là !

Son rire hypocrite traversa l'espace. On le regardait. Il avait fait le maximum pour ça. Veste de chasseur à la propreté douteuse, tee-shirt noir trop ample, pantalon de rappeur qui lui tombait sous les fesses et Doc Martens. Une provocation d'adolescent. Elena se demanda où son frère avait pu trouver des fringues aussi ridicules.

– On s'éclate au *Cri-Cri Bar,* les amoureux? ironisa Ugo.

Il fit un clin d'œil à Lucas, tourna autour d'Elena:

– Hmm... tu es chouette, ma p'tite sœur, quand tu es excitée par la danse. Pourtant, ces contorsions de vieux, pour toi qui as seize ans...

– Tu nous lâches? dit sourdement Lucas.

– Pas de problème, Porato! De toute façon, je me casse de ce zinzin minable dans dix minutes, le temps d'une danse avec ma frangine. Je te la rends après.

La musique reprit. Un slow. Ugo s'empara du bras d'Elena, l'attira contre lui et, avec un sourire, annonça:

– Je te l'emprunte. Tu ne vas pas en mourir.

Elena adressa une grimace embarrassée à Lucas:

– Juste une danse. S'il te plaît, va me chercher un Coca.

Il fallait éloigner Lucas avant que la mèche allumée ne se consume jusqu'au bout. Elle le suivit du regard.

Il se retourna deux fois. Deux fois, Elena modula silencieusement : «Je t'aime.»

– Bon, on danse ou on reste plantés là jusqu'à perpète ? s'énerva Ugo.

Il l'enlaça et ils dansèrent. Elle n'en avait aucune envie et était aussi raide qu'un piquet. Après ce slow, son frère tiendrait parole et s'en irait.

– J'ai l'impression de danser avec un de ces vieux squelettes, ricana Ugo. T'es aussi agréable à tenir qu'un sac de patates.

Il éclata de rire :

– T'es pourtant bien foutue, Elena, avec les rondeurs là où un mec aime les trouver. Je comprends le fils du gardien. Il ne doit pas s'ennuyer avec toi.

Elena se crispa davantage. Le corps d'Ugo collait trop au sien. Elle voulut s'écarter, mais les bras qui emprisonnaient sa taille étaient des cordes.

– Tu me fais mal ! Ne me serre pas comme ça, j'étouffe.

Ugo fit le sourd :

– Tu as couché avec Porato ?

Elle cessa de danser, leva la tête, cherchant le regard de son frère. Il dansait les yeux clos.

– Tu es vraiment con quand tu veux, dit Elena.

Ugo la força à reprendre la danse.

– Bien sûr que tu l'as fait, p'tite sœur. J'ai trouvé des préservatifs dans le coffre du scooter de Porato. Je m'en tape.

Elena n'en crut pas ses oreilles. Ugo les surveillait, là où ils allaient, et en plus il fouillait leurs affaires? Elle décida d'arrêter de danser. D'envoyer paître cet idiot qui se croyait tout permis. Elle rejoindrait Lucas et ils partiraient. Elle n'eut pas le temps d'annoncer sa décision. Soudain, la tension qu'elle ressentait et qui n'avait d'autre raison que la vulgarité de son frère se transforma en cauchemar:

– Qu'est-ce que tu fais?

Une main d'Ugo glissait le long du dos d'Elena, descendait sur ses fesses et les caressait. L'autre la plaquait brutalement contre lui. Son corps anguleux adhérait au sien. Elle voulut le repousser, mais la violence de l'étreinte forcée rendit son effort inutile. Les lèvres d'Ugo effleurèrent son oreille. Elle entendit chaque mot qu'il prononça un par un, lentement. Ils explosèrent dans sa tête:

– Je veux que tu couches avec moi, belle Elena.

Elle eut un temps d'inertie, comme si elle doutait de ce qu'elle entendait. De sa raison. Ces paroles ne pouvaient pas être réelles. Elle devenait folle. Ugo leva ses doutes en avançant un genou entre ses jambes.

– Personne ne le saura à part nous deux. Ce sera mieux qu'avec Porato.

Elena paniqua. Elle se retint de hurler. Les couples s'immobiliseraient, le scandale éclaterait. Elle dit, d'une voix qu'étranglait la peur : « Non, mais t'es complètement malade ! » et donna un violent coup de pied dans la cheville d'Ugo. Il ne relâcha pas son étreinte. Elena s'enfonça alors dans une sorte de brouillard qui n'était que des larmes de dégoût. Elle mit du temps à comprendre ce qui arrivait. Lucas était revenu. Il empoignait le col de la veste d'Ugo, tirait brutalement. Elle était libre, en pleurs sur la piste.

– Casse-toi, le Rital ! cria Ugo.

Le poing de Lucas s'écrasa sur son nez. Le garçon s'effondra, à plat ventre sur le parquet luisant. Les danseurs s'étaient écartés. Lucas se pencha et pointa son index droit vers le visage ensanglanté :

– Tu es qui, toi, au juste ? Thomas Savage ?

Elena ne cessa de pleurer pendant le trajet de retour au Village. Elle bredouillait « Mon frère est dingue » ou demandait « Qui est Thomas Savage ? ». Lucas répondait de la même façon, tout en allongeant le pas, afin de retrouver son père au plus vite :

– Ce n'est pas ton frère. Attends que nous soyons rentrés au bunker, mon père t'expliquera.

Il ne savait pas quoi dire d'autre ni comment s'y prendre pour consoler Elena. Il la tenait par la main comme on tient un enfant à qui l'on ne peut pas révéler certaines réalités qu'il ne comprendrait pas.

Marc Porato ne dormait pas. À peine minuit, il était trop tôt. Il consultait sa montre, impatient de voir les heures mourir afin qu'il puisse enfin téléphoner au commissaire Fred Molax. Tirer les choses au clair. Il se répétait l'expression mentalement, pour se convaincre que rien n'était définitif, mais au fond de lui-même émergeait une conviction : Ugo n'était pas Ugo, mais Thomas Savage. Ensuite...

Son pressentiment ne le tromperait pas, pas plus qu'il ne l'avait trompé quand, six ans auparavant, il se promettait de « tirer les choses au clair » avec Julia, alors qu'une voix intérieure lui disait : « Ta femme ne t'aime plus, elle va partir. »

Il comprit aussitôt qu'un événement grave s'était produit. Lucas raconta le *Cri-Cri Bar*, la proposition d'Ugo, l'altercation, le coup de poing, puis ce cri :

«Tu es qui, toi, au juste? Tu es Thomas Savage?» Quand il eut terminé, la conclusion de son père fut courte:

– Merde!

Ils étaient dans la cuisine. Marc avait préparé du thé, mais ils ne buvaient pas le liquide d'un brun doré. Ils se tenaient assis autour de la table, leur tête inclinée comme s'ils n'osaient pas se regarder. Puis Porato se décida:

– Elena...

Elle leva à peine la tête.

– Écoute mon père, dit Lucas. Son récit te fera mal, mais tu dois écouter. Ne dis rien à tes parents, avant que papa soit certain de...

Il se tut, fixa son père, lui passant ainsi le relais.

– Elena, reprit Porato, je crois que tu as compris maintenant qu'Ugo n'est pas Ugo, mais quelqu'un qui a usurpé son identité, et ce quelqu'un se nomme probablement Thomas Savage.

– C'est impossible, balbutia Elena.

Le ton défait de sa voix indiquait qu'elle pensait le contraire. Elle admettait cette hypothèse. Porato raconta comment il en était arrivé à cette conclusion. La lettre de Thomas Savage découverte dans le sac de sport d'Ugo. La vie en parallèle des deux garçons en Espagne, puis à Bayonne. La prison. Deux marginaux. Ils se connaissaient.

– À ton tour, Lucas.

– Comment, à mon tour?

– Le golf.

Lucas raconta. Puis:

– «Ugo» ignore tout du golf. Ton frère, même sans pratiquer ce sport pendant six ans, aurait su utiliser un club et il aurait envoyé des patates de cent mètres et pas ces coups indignes d'un gamin de dix ans. Ce type s'entraînait en douce pour ne pas paraître idiot dans l'avenir si le sujet golf revenait dans une discussion. Ce n'était pas ton frère qui frappait ces balles.

– Et ton véritable frère, le si doux et gentil Ugo, dit Marc Porato, n'aurait jamais, même pour plaisanter... heu... au *Cri-Cri Bar*...

– Elle le sait, papa, c'est bon, inutile d'insister! s'énerva Lucas.

Elena releva complètement la tête. Un regard glacé.

Marc Porato raconta à nouveau l'histoire de Frédéric Bourdin et chercha à en tirer des enseignements:

– Sans doute le faux et le vrai Ugo se ressemblent-ils: blonds, yeux bleus. Et il y a ces six années qui transforment un adolescent en adulte. Cela peut suffire pour créer l'illusion.

Porato se leva, se dirigea vers le bahut dans lequel il prit un bloc de papier et un stylo avant de se rasseoir.

– Elena et toi aussi, Lucas, vous allez m'aider à remplir deux colonnes dans ce carnet. Le commissaire Molax en prendra connaissance et me donnera son avis.

Marc Porato se mordit la lèvre inférieure.

– Si Molax confirme ce que je pense, tu devras parler à tes parents.

Elena émit un petit cri.

– Je le ferai avec toi, si tu préfères, précisa Porato.

La tension atteignait un tel point que Lucas explosa :

– Tu les traces, tes putains de colonnes ! Qu'on en finisse !

– Tu m'aideras à les remplir, Elena ? insista Porato.

Elle se contenta d'incliner la tête. Porato ouvrit le bloc et tira un trait vertical au milieu de la page. En haut de la colonne de gauche, il écrivit : *C'est Ugo.* Dans la partie droite, il inscrivit : *Ce n'est pas Ugo.* Il leva le stylo, attendit.

– Il ne sait pas jouer au golf, commença Lucas.

– Oui, mais il connaît le code d'accès à Internet de l'ordinateur, dit Elena. Il se souvient d'Irma, son amie. Il a imité le cri de la chouette en arrivant au Village et seul mon frère connaissait ce signal entre nous. Il n'a pas cherché l'emplacement des pièces dans la maison.

Elle parlait vite, comme si elle voulait se convaincre et gommer l'impensable.

– Quoi d'autre? demanda Porato, le stylo attentif.

Les lèvres d'Elena bougèrent mais elle ne parvint à expulser les mots qu'après les avoir humectées et s'être reprise :

– Il déteste le golf, il a le même tic des épaules, papa et maman l'ont reconnu.

– Toi aussi, intervint Porato.

– Moi? s'étonna Elena. Ah, oui...

– Tout ce que tu as dit peut s'expliquer assez facilement, dit Marc Porato. Si Ugo et Thomas Savage ont été dans la même prison et ont vécu ensemble, en marginaux, tant en Espagne que dans le sud-ouest de la France, ils ont pu apprendre beaucoup de choses concernant leur vie personnelle, d'avant leur rencontre. Ces connaissances suffisent pour jouer la comédie et tromper une famille pleine d'espoir qui veut croire au retour du fils perdu. Souviens-toi du cas Frédéric Bourdin.

Il y eut un court silence, que Lucas rompit :

– Ce qui ne colle pas avec Ugo sera plus décisif que ce qui colle, parce que, là, il y aura peu d'explications. « Ugo » ignore que nous jouions au foot sur le parcours de golf et c'est impossible qu'il ait oublié ça. Il est vulgaire, ce que n'était pas ton frère.

– La prison, fils, et vivre dans la rue transforment n'importe quel agneau en loup.

– Il joue au tennis et pas Ugo.

– Secondaire, Lucas. Il nous faut des arguments plus solides et seule Elena peut les avoir.

Ils la dévisagèrent. Elle ferma les yeux. Murmura :

– Oui. Je les ai.

Elle hocha plusieurs fois la tête en reprenant :

– J'ai peut-être préféré être aveugle et sourde.

Elle désigna le bloc :

– Écrivez.

Porato dut se concentrer au maximum car Elena s'exprima à toute vitesse. Sa voix plate semblait livrer un texte appris par cœur :

– Il aime la crème, Ugo la détestait. Il ne reconnaît pas mes chouettes roses et pourtant je lui en ai offert une et Ugo ne s'en serait jamais séparé. Il ne connaît pas la musique de Bashung...

– Je ne connais pas trop Bashung non plus, dit Porato.

Elena ne sourit pas. Elle poursuivit du même ton neutre :

– Un chanteur qu'adorait Ugo. Il drague les secrétaires au bureau de mon père, mais Ugo était vraiment timide. Il ne connaît pas les numéros des clubs de golf. Il nage le crawl, pas mon frère. Il s'habille mal et Ugo adorait les beaux vêtements. Il... Ça alors, quelle idiote j'ai été !

Elle croisa ses doigts, tordit ses mains.

– Continue, Elena ! ordonna Marc Porato, retrouvant son attitude de policier autoritaire face à un témoin qui pinaille.

– L'« Inverted Jenny ». Il ignore où papa cache l'« Inverted Jenny » et jamais Ugo n'aurait oublié cette cachette.

La voix d'Elena était plus aiguë.

– C'est quoi, ce truc ? demanda Lucas.

– La seconde passion de mon père, après le golf. Les timbres. Papa les collectionne depuis des années. Il dépense énormément d'argent pour enrichir sa collection. Mais il a eu une chance incroyable : il a acheté, il y a quinze ans, un timbre très rare appelé « Inverted Jenny » et, aujourd'hui, il vaut un million d'euros.

– Un million d'euros ! s'étouffa Lucas.

Marc Porato but d'une seule traite son thé refroidi. Puis :

– Tu places Ugo où dans cette histoire ?

– Papa disait que l'« Inverted Jenny » serait l'héritage de mon frère.

– Ton père ne manque pas d'air ! s'exclama Lucas. Et toi, alors ?

Elena sourit :

– Je me fous de son timbre. Papa cache l'« Inverted » sous le trophée qu'il a gagné au « BMW Golf Trophy » de La Baule. C'est une grande compétition de golf et ça a été son heure de gloire. Ugo connaissait la cachette. Papa lui montrait souvent *son* timbre.

– Et, six ans plus tard, Ugo revient et ne sait pas que l'« Inverted Jenny » est dissimulé sous le trophée, conclut Porato.

Elena but à son tour quelques gorgées de thé. Elle parut s'abîmer dans une réflexion qui lui écarquillait les yeux d'étonnement.

– Quelque chose te tracasse? s'inquiéta Lucas.

Elle hocha la tête:

– Oui... maintenant, oui. Deux trucs bizarres. La cachette était devenue un jeu entre nous, à la maison: nous voulions qu'Ugo la trouve, mais il n'a jamais pensé au trophée de La Baule. C'est étrange que papa n'ait rien dit, ait accepté ce jeu, comme si... comme si...

– Comme s'il se méfiait? termina Marc Porato.

Elena approuva d'un bref signe de tête.

– La seconde chose bizarre... Ugo m'interrogeait de plus en plus souvent sur l'«Inverted Jenny». Il voulait absolument savoir où était la cachette de papa et il s'impatientait de plus en plus.

– Merde! s'exclama Porato.

Elena et Lucas le dévisagèrent, attendant une explication. Il ne le fit pas tout de suite. Il posa le stylo, tapota la page du bloc de papier:

– La longueur de chaque colonne parle d'elle-même. Ugo n'est pas Ugo. Nous sommes sûrs de ça.

Elena ne put retenir un petit cri d'effroi.

– Oui, c'est terrifiant, poursuivit Porato en se frottant énergiquement les joues. Ugo n'est pas Ugo, mais peut-être pas non plus Thomas Savage. Ça reste une supposition. Je téléphone à Fred Molax illico, peu importe l'heure. Nous saurons vite ce qu'il en est avec l'aide de la police.

Il se frotta encore les joues, cette fois avec une énergie brutale. Lucas remarqua les cernes sous ses yeux. Son père luttait contre la fatigue.

– Papa, dis-nous franchement à quoi tu penses. Elena et moi avons seize ans, pas dix.

Porato grimaça. Son fils faisait allusion à ce qu'il n'avait pas dit quand Julia était partie : « Tu ne peux pas comprendre ce qui se passe, tu es trop petit. Tu n'as que dix ans, je dois te protéger. » Ce silence avait causé davantage de mal que les paroles.

– OK, Lucas. Mais je vous avertis tous les deux : si je ne me trompe pas, vous allez passer un sale quart d'heure et les jours qui viennent s'annoncent difficiles.

– Papa, vas-y ! Arrête de nous gonfler avec tes avertissements à rallonge.

Porato expira en produisant un bruit désagréable de tuyauterie bouchée :

– Bon. Ce que vient de dire Elena m'inquiète. Jusque-là, je pensais que celui qui a usurpé l'identité d'Ugo – appelons-le Thomas Savage par commodité – le faisait par intérêt... un intérêt banal. La famille d'Elena est aisée, donc prendre la place du fils, si on a connu une existence pénible, peut être tentant au point de courir de gros risques.

Marc Porato s'accorda une pause. Il se massa le menton comme s'il se demandait comment poursuivre :

– L'existence de l'« Inverted Jenny » complique la situation. Tu nous dis, Elena, qu'Ugo insiste de plus en plus pour qu'on lui apprenne où est le timbre.

Il fixa la jeune fille.

– Si ton frère a vécu longtemps avec Thomas Savage, ainsi que je le crois, il lui a parlé du timbre. De son énorme valeur. Un million d'euros tenteraient de nombreux voleurs et ont sûrement tenté Thomas Savage.

– Papa, tu es en train de nous dire que le faux Ugo profite de l'argent de la famille Jeunet en attendant le moment où il pourra voler l'« Inverted Jenny » ?

– Oui.

Ils s'observèrent un instant, créant entre eux une sorte de vide, chacun cherchant la faille qui pourrait exister dans le raisonnement de Marc Porato.

– Ton père a raison, reconnut finalement Elena. Il volera l'« Inverted ».

Marc Porato repoussa sa chaise, se leva et se tint debout, les bras croisés :

– Si ce garçon est Thomas Savage, la situation devient dangereuse. Fiston, au *Cri-Cri Bar*, en lançant: «Tu es qui, toi, au juste? Thomas Savage?», tu l'as alerté. Maintenant, il se méfie, il a peur, il sait que son scénario tourne mal et qu'il est découvert. Savage est dangereux. N'oubliez pas que, s'il s'agit de Thomas Savage, il a peut-être...

Porato se racla la gorge. Plus question de prendre des précautions oratoires. Il poursuivit:

– Il a peut-être assassiné Ugo. Tu ne rentres pas chez toi ce soir, Elena. Tu dors ici. Savage sait que tu sais et il est chez toi. Tu téléphones à tes parents et tu trouves un prétexte pour leur dire que tu ne rentres pas dormir à la maison.

Elena était livide. Elle s'exprima pourtant d'une voix assurée:

– Je dirai que j'ai rencontré ma meilleure amie, Zoé Procope, au *Cri-Cri Bar*, avec ses parents, et qu'elle a voulu que j'aille dormir chez elle, à Dijon. Ça nous arrive de temps en temps.

Porato rafla le bloc de papier resté sur la table:

– Je téléphone à Fred Molax. J'ai son numéro personnel. Je le réveille, lui raconte tout. Il agira vite et, dès demain, nous aurons une photo de la personne assassinée il y a six mois près de Bayonne. Nous aurons aussi les empreintes digitales. Elena...

Elena sursauta.

– Je suis désolé de te demander ça mais, dans la matinée de demain, il faudrait que tu récupères deux objets ayant appartenu aux... aux deux Ugo, de façon que Molax demande un prélèvement d'ADN. Avec les empreintes et la photo, nous serons sûrs à quatre-vingts pour cent demain soir. Avec l'ADN, la certitude sera totale dans une dizaine de jours. Mais des mesures pourront être prises dès demain.

– Des mesures? fit Lucas.

– Des mesures qui protégeront Elena et ses parents.

– On étouffe ici, dit Elena. Sortons respirer un peu dehors, parce que...

Elle ne parvint pas à terminer sa phrase et se mit à pleurer.

9

Si Marc Porato réveilla bien Fred Molax, la suite des événements lui échappa complètement. Il ne fut qu'un témoin parmi d'autres et celui qui avait pressenti une partie de ce qui se produirait.

Thomas Savage fut arrêté la nuit même du bal au *Cri-Cri Bar*. Vers trois heures du matin, deux policiers remarquèrent la conduite hasardeuse d'une Clio, dans les rues de Dijon. Ils prirent le véhicule en chasse et, après une course-poursuite d'une dizaine de minutes, parvinrent à le bloquer dans une impasse. Délit de fuite. Contrôle d'alcoolémie positif. Les policiers fouillèrent la voiture. Présence d'un revolver chargé. Le conducteur, nullement apeuré, déclara tranquillement :

– Je m'appelle Thomas Savage. Je viens de voler un timbre évalué à un million d'euros dans une maison du Village. C'est une sorte de bled barricadé proche de Dijon. Vous l'apprendrez très vite, donc, autant que je vous épargne du boulot : il y a six mois, près de Bayonne, j'ai tué Henrik Blomberg, un Suédois, au cours d'une nuit où nous étions drogués.

Les deux policiers, effarés, constatèrent que le jeune homme s'exprimait en souriant et d'une voix calme. Ils le menottèrent, lui donnèrent l'ordre de se taire mais, pendant qu'ils le conduisaient à l'hôtel de police, Thomas Savage ne cessa de parler. Il semblait raconter des morceaux de sa vie. Il répéta une dizaine de fois :

– J'en ai marre de tout ça. Enfin, c'est fini.

Une fois dégrisé, le lendemain vers midi, il poursuivit ses aveux, accumulant un grand nombre de précisions. Fred Molax prit l'enquête en charge. Il expliqua au procureur de la République pourquoi il tenait à suivre cette affaire :

– Je connais déjà une partie de l'histoire grâce à Marc Porato, un ancien policier que j'ai eu sous mes ordres ici, à Dijon. L'affaire me paraît maintenant assez claire, pourtant un point demeure confus : le meurtre de ce jeune Suédois, Henrik Blomberg.

À la suite de son altercation avec Lucas Porato, Thomas Savage avait compris que son usurpation d'identité touchait à sa fin. Il était rentré au Village. La veille, Manon Jeunet, cédant à l'empressement des questions de « son fils », lui avait révélé où son mari dissimulait l'« Inverted Jenny ». Savage avait volé le timbre. Volé la Clio. Et pris la fuite, après avoir bu une grande quantité de vodka prise dans la cave à alcools de la famille Jeunet. Il avait écrit une lettre ironique, déposée sur la table de la cuisine :

J'ai taxé le timbre. Papa (!!) dit qu'il est mon héritage, donc ce n'est pas un vol, tout juste un emprunt parce que je suis un type impatient par nature.

Je disparais à nouveau. Je reviendrai dans six ans ! Je vais travailler mon golf et alors j'aurai un swing parfait.

Qu'Elena ne se marie surtout pas avec le Rital. Qu'elle m'attende.

Votre fils (!!),

Ugo.

Trois jours plus tard, le commissaire Molax provoqua la tenue d'une réunion au Village, là où avaient vécu le vrai et le faux Ugo. Il exigea la présence de

Marc Porato en tant que témoin essentiel. Elena obtint celle de Lucas. Deux lieutenants de police accompagnaient Molax. Ils se retrouvèrent tous assis autour de l'impressionnante table de verre de la salle de séjour. Le commissaire résuma la situation, que tous connaissaient maintenant, et conclut son exposé en désignant Marc Porato :

– Mon ex-collègue avait pressenti cette usurpation d'identité. C'est grâce à lui que les événements se sont précipités et que, en définitive, Thomas Savage a avoué la vérité. Contrairement à ce qu'on imagine, les tentatives d'usurpation d'identité ne sont pas rares. Thomas Savage a vécu longtemps avec votre fils, assez longtemps pour apprendre beaucoup de choses sur lui et sur sa vie au Village. Après l'assassinat d'Henrik Blomberg...

Les sanglots d'Elena coupèrent l'exposé du commissaire. Elle avait essayé de les retenir. En vain. La honte lui empourprait les joues. Elle pleurait de joie, alors que le policier parlait de la mort d'un jeune homme. Pas de celle de son frère. Le commissaire Molax se tourna vers Elena :

– Je comprends votre soulagement, mademoiselle Jeunet. N'ayez pas honte de l'exprimer. J'ai indiqué hier à vos parents que nous possédions maintenant des certitudes, grâce aux aveux de Savage, certes, mais surtout grâce aux empreintes digitales transmises par la police de Bayonne. Ces empreintes ne sont pas celles de votre frère. Les résultats des tests ADN ne seront connus que dans une dizaine de jours, mais ils n'ont plus grande importance. Ils confirmeront ce que nous savons.

Jusque-là, en dehors du policier, tout le monde n'avait prononcé que les banalités liées à la politesse, mais, cette fois, Antoine Jeunet, très pâle, souffla entre ses mains serrées, comme s'il avait froid, et dit d'une voix autoritaire :

– Commissaire, redites-nous ce qui s'est exactement passé.

– Savage traînait avec plusieurs marginaux, dont votre fils. Au cours d'une bagarre, après l'absorption d'un cocktail alcool-drogue, il a tué Henrik Blomberg de deux coups de couteau. Il a dissimulé le corps dans une forêt.

– Et comme Thomas ressemblait à Blomberg et à Ugo, notre fils, tous les trois blonds... commença Manon.

Elle se tut. Le regard lointain, perdu. Ils remarquèrent tous qu'elle avait dit Thomas. Seulement Thomas.

– Oui, reprit le policier, vous avez raison. Ils avaient des points communs : les trois blonds, grands, de type un peu nordique. La ressemblance physique explique sans doute en partie leur rapprochement. Ugo, peut-être affolé par ce qui s'était passé, a quitté le groupe en annonçant qu'il partait au Chili rejoindre une jeune fille de là-bas qu'il avait rencontrée en Espagne. Savage a alors eu l'idée de prendre l'identité et la place d'Ugo. Ses motivations étaient nombreuses. Il croyait se mettre à l'abri de la police en vivant ici, au Village. Il pensait profiter un temps de votre argent et, surtout, il désirait s'emparer du timbre.

Marc Porato écoutait à peine. Il entendait ce récit pour la énième fois. L'attitude de Manon Jeunet l'intriguait. Elle semblait retenir sa respiration, prête à communiquer une poussée à ses mains posées bien à plat sur la table de verre. Comme si elle s'apprêtait à fuir la pièce. Ou à déclarer quelque chose d'important. Et ce fut la seconde hypothèse qui s'avéra la bonne :

– J'ai toujours su que Thomas n'était pas Ugo, déclara Manon, d'une voix rauque. Je l'ai compris dès la première minute.

– Quoi ? s'exclama son mari.

– Tu tenais tellement à ce que ce soit Ugo. J'ai pensé que tu allais revivre normalement si c'était lui. Que notre vie d'autrefois, celle des mois qui ont suivi la naissance de notre fils, allait recommencer. C'était une renaissance, un nouveau départ, alors j'ai joué la comédie. Je me disais que tu verrais sans doute clair à ton tour. Que tu accepterais de ne jamais revoir notre fils, peut-être mort, et alors que Thomas...

Elle ferma les yeux, murmura :

– Ça n'a plus d'importance, maintenant.

Le silence qui se fit ne dura que quelques secondes et, pourtant, il parut interminable à tous. Puis Porato dit :

– La même histoire que celle de Nicolas Barclay. Sa mère savait aussi que ce n'était pas son fils.

Les regards convergèrent vers Marc Porato. Il leva une main devant son visage :

– Aucune importance...

Il frotta sa barbe, non rasée, soupira :

– Tout ça pour un timbre !

– Un timbre d'un million d'euros, Marc, corrigea Molax. Tu sais aussi bien que moi de quoi sont capables certains individus pour s'emparer d'une telle somme.

– Ce timbre ne vaut pas un clou, annonça Antoine Jeunet.

Les regards plongèrent vers lui.

– Mon timbre est un faux «Inverted Jenny». J'ai menti toutes ces années en faisant croire qu'il valait une fortune.

– Pourquoi... pourquoi tu as fait ça? demanda Elena.

Antoine Jeunet haussa les épaules:

– Je ne sais pas. J'ai fait tellement de choses, durant toutes ces années, sans savoir vraiment pourquoi je les faisais. Maintenant...

Il se leva:

– Ugo est vivant et cela seul compte. Si vous le permettez, commissaire Molax, je désire rester maintenant avec mon épouse et ma fille. Je vous prie de partir.

Un an plus tard

Marc Porato exerce le métier de détective privé à Dijon. Il se débrouille plutôt bien, surtout parce que le commissaire Fred Molax conseille à de nombreuses personnes de s'adresser à lui quand la police ne peut rien pour elles.

Manon et Antoine se sont séparés. Manon vit toujours au Village. Antoine a vendu tout ce qu'il possédait. Après avoir partagé l'argent avec son épouse, il s'est acheté un voilier. Il parcourt les mers, autour du monde, et donne de ses nouvelles de temps à autre.

Elena et Lucas fréquentent le même lycée, à Dijon. Ils s'aiment toujours. Ils font des projets d'avenir.

Chaque soir, en rentrant des cours, Elena se poste quelques minutes sur la terrasse, à l'endroit d'où l'on voit la route. Elle regarde. Elle écoute. Un jour, Ugo apparaîtra. Il s'arrêtera. Regardera Le Village. Ses mains jointes devant ses lèvres délivreront le cri de la chouette. De ça, elle est certaine.

L'auteur

Lire, écrire, regarder des films et faire du vélo : ces quatre plaisirs occupent l'essentiel de mon temps.

J'ai découvert le roman policier à quatorze ans, grâce à la « Série Noire ». Je crois avoir à peu près lu tous les titres publiés dans cette collection, entre mes quatorze et mes vingt-cinq ans.

Site Internet de l'auteur : http://jpnoziere.com

Du même auteur

Côté jeunesse :

Retour à Ithaque, Gallimard

Un jour avec Lola, Thierry Magnier

Fin août, début septembre, Gallimard

Maboul à zéro, Gallimard (prix France Télévisions ; prix des Lycéens allemands ; prix Lese Peter en Allemagne)

Un été algérien, Gallimard (Totem Télérama du salon de Montreuil ; prix de la Société des gens de lettres ; prix d'Honneur de lire au collège)

Tu seras la risée du monde, La Martinière

Ci-gît pour l'éternité, Thierry Magnier

Souviens-toi de Titus, Rageot (prix Polar Jeunes de Grenoble)

Mais qu'est-ce qu'on va bien faire de toi ?, La Martinière

La Vie comme Elva, Thierry Magnier

La Chanson de Hannah, Nathan (prix du salon du livre de Genève)

Un été 58, Thierry Magnier (prix Ibby pour la France)

Là où dort le chien, Gallimard

Le Ville de Marseille, Gallimard

L'Île aux chiens, Gallimard

Nous sommes tous tellement désolés, Thierry Magnier

Échec et rap, Nathan (prix Les Mordus du polar 2008 : prix des bibliothèques de Paris)

Adieu mes jolies (coll. « Rat noir »), Syros

Un trésor d'embrouilles (coll. « Souris noire »), Syros

Tu peux pas rester là, Thierry Magnier

Côté adulte :

Ma chère Béa, Gallimard (Série Noire)

Tangos, Fleuve Noir

Billi Joe, Fleuve Noir (réédition Thierry Magnier)

Un regrettable accident, Seuil/Points policier (prix Noir d'automne de Saint-Nazaire)

Bogart et moi, Seuil/Points policier

Fatal Tango, Seuil/Points policier

Trois petites mortes, Seuil/Points policier (prix polar de Montigny-les-Cormeilles)

L'Axe du mal, L'esprit des Péninsules

Le Silence des morts, Rivages/Noir (Grand Prix du roman noir du festival du film policier de Cognac)

Je vais tuer mon papa, Rivages/Noir

Dans la collection

RAT NOIR

Piste noire, Christine Beigel, 2006

Shooting Star, Stéphanie Benson, 2008

La Rebelle, Thierry Crifo, 2007

Une sonate pour Rudy, Claire Gratias, 2006

(Prix Sésame 2007 de Saint-Paul-Trois-Châteaux, prix Enlivrez-vous en mai de Thionville 2007, prix Romanphile 2007, prix des collèges du Territoire de Belfort 2007, Livre d'or des jeunes lecteurs de Valenciennes, catégorie senior, 2008, prix Adolire – prix des lecteurs en Morbihan, 2007/2008, prix du Jury littéraire de Trignac, Loire-Atlantique, 2008, prix des collèges du Territoire de Belfort 2008)

Le Passager de l'orage, Claire Gratias, 2008

Quand la banlieue dort, Benjamin et Julien Guérif, 2008

Lambada pour l'enfer, Hector Hugo, 1992, 2006

(Prix Été du Livre de Metz 1993, Livre d'or des jeunes lecteurs de Valenciennes 1994)

La Grande Môme, Jérôme Leroy, 2007

(Prix du Meilleur Polar Jeunesse francophone, Montigny-les-Cormeilles 2008)

Adieu mes jolies, Jean-Paul Nozière, 1998, 2007

Allers sans retours, Jean-Hugues Oppel, 2008

Halte au feu, Jean-Hugues Oppel, 2004, 2006

J'ai jeté mon portable, Serge Quadruppani, 2007

Victime Delta, Louis Sanders, 2007

Qui se souvient de Paula ?, Romain Slocombe, 2008

Conforme à la loi n° 49 956 du 16 juillet 1949
sur les publications destinées à la jeunesse

Mise en pages : DV Arts Graphiques à La Rochelle
N° éditeur : 10157309 – Dépôt légal : mars 2009
Imprimé en France par EMD